韓國菩薩佛敎
한국보살불교

우파니샤드 명상집

彌勒佛
譯

阿那出版社

譯者 : 彌勒佛 (一名 : 金鉉斗)

『한국보살불교 우파니샤드 명상집』(2019)

『(最終改訂版) 三一神誥(삼일신고)』(2019)

『(最終改訂版) 天符經(천부경)』(2018)

『(보살불교) 묘법화경·해설 시리즈 (전5권)』(2018)

『(最終改訂版) 우주간의 법 해설 정본(正本) 반야바라밀다심경』(2016)

『(改訂版) 妙法華(묘법화)의 실상(實相)의 법(法)』(2015)

『진실(眞實)된 세계의 역사(世界歷史)와 종교(宗敎) 上』(2015)

『진실(眞實)된 세계의 역사(世界歷史)와 종교(宗敎) 下』(2015)

『(改訂版) 우주간의 법 해설 대승보살도의 기초교리』(2015)

『(改訂版) 불교기초교리핵심 81강』(2015)

『미륵불과 메시아』(2015)

『미륵부처님께서 밝히시는 한민족(韓民族)들이 가야만 하는 길』(2013) : 무료 배포.

『미륵부처님께서 밝히시는 문명(文明)의 종말(終末)』(2011)

『우주간의 법 해설 요한계시록』(2008)

화엄일승법계도 근본진리해설』(2002)

『격암유록 남사고비결 해설 上』(2001)

『격암유록 남사고비결 해설 下』(2001)

※ 아래는 절판된 저서들입니다.

(最終改訂版) 三一神誥(삼일신고)』(2015.07.15)

무량의경(無量義經) 약본(略本) (2015.05.21)

미륵부처님께서 밝히시는 우르난쉐(Ur-Nanshe)님에 대한 진
　　리(眞理) (2014.03.31)

북두칠성연명경(北斗七星延命經) 해설 (2009.09.11)

묘법연화경 제이십사 관세음보살보문품 (2009.09.11)

(개정판) 우주간의 법 해설 무량의경 (2009.08.10)

(개정판) 우주간의 법 해설 삼일신고 (2009.07.07)

우주간의 법 해설 대승보살도의 기초교리 (2009.05.26)

묘법연화경 해설 14 (2009.05.01)

묘법연화경 해설 13 (2009.05.01)

묘법연화경 해설 12 (2009.05.01)

묘법연화경 해설 11 (2009.05.01)

묘법연화경 해설 10 (2009.02.14)

묘법연화경 해설 9 (2009.02.14)

묘법연화경 해설 8 (2009.02.14)

묘법연화경 해설 7 (2009.02.14)

약사유리광여래본원공덕경 (2008.04.24)

(개정판) 우주간의 법 해설
　　　　정본(正本) 반야바라밀다심경 (2008.04.05)

우주간의 법 해설 금강경 (2007.10.25)

예불문(禮佛文) 해설 (2007.01.30)

(개정판) 묘법연화의 실상(實相)의 법(法) (2006.09.15)

관보현보살행법경 해설 (2006.09.15)

관보현보살행법경 독송용 (2006.09.15)

불교기초교리 핵심 81강 (2006.07.06)

화엄일승법계도(華嚴一勝法界圖) (2006.03.15)

묘법연화경 해설 6 (2005.12.15)

묘법연화경 해설 5 (2005.12.15)

묘법연화경 해설 4 (2005.12.15)

묘법연화경 해설 3 (2005.12.15)

묘법연화경 해설 2 (2005.12.15)

묘법연화경 해설 1 (2005.12.15)

묘법연화경 해설 - 제24 관세음보살보문품 (2005.10.04)

북두칠성연명경(北斗七星延命經)(2005.03.17)

북두칠성연명경(北斗七星延命經) 해설(2005.02.09)

북두칠성연명경(北斗七星延命經)(2004.10.15)

북두칠성연명경(北斗七星延命經)(2004.08.22)

무량의경(無量義經) 해설 II (2004.05.26)

무량의경(無量義經) 해설 I (2004.05.26)

불교기초교리 핵심 81강 (2003.11.10)

천부경(天符經) 81자 - 천부진리 해석 완역 (2003.08.15)

현대과학 용어로 본 유식사상과 여래장과 선 (2003.06.15)

화엄일승법계도(華嚴一勝法界圖)-근본진리 해설(2003.11.15)

반야심경 (2002.06.22)

문명권 신화 속에 숨겨진 진리 IV (2002.5.10)

문명권 신화 속에 숨겨진 진리 III (2002.5.10)

문명권 신화 속에 숨겨진 진리 II (2002.5.10)
문명권 신화 속에 숨겨진 진리 I (2002.5.10)
실상(實相)의 법(法) IV (2001.12.1)
실상(實相)의 법(法) III (2001.12.1)
실상(實相)의 법(法) II (2001.12.1)
실상(實相)의 법(法) I (2001.12.1)
실상(實相)의 법(法) 下 (2000.10.3)
실상(實相)의 법(法) 上 (2000.10.3)

※ 메시아이신 미륵부처님께서 저서들에 대한 내용을 직접 주관하시는 정기법회와 특별법회를 통해 '**한국보살불교 법화연수원**'(http://www.brahmanedu.org)에서 법회를 통해 강의를 하십니다.

또한, 이미 출판된 책이나 지난 강의의 내용 중 천상(天上)의 변화 등으로 정정이 되어야 하는 부분들이나 천상(天上)의 소식을 직접 가르치시고 계십니다.

(한국보살불교) 우파니샤드 명상집

역 자 彌勒佛
펴낸이 최원아
펴낸곳 아나출판사, 2019년 1월 30일
       신고 제 2019-00021호

초판 발행 2019년 12월 2일(1판 1쇄)

주소 경상남도 진주시 향교로 115번길 5-7 (옥봉동)
전화번호 (055) 746-2261
팩스 (055) 746-2263
홈페이지 http://www.brahmanedu.org
(한국보살불교 법화연수원)
(메시아이신 미륵부처님 직강 동영상과 법문 공개)

저작권 ⓒ 2019, 아나출판사
가격 20,000원

ISBN 979-11-968439-1-5 (03220)

값 20,000원
03220

ISBN 979-11-968439-1-5

이 도서의 국립중앙도서관 출판예정도서목록(CIP)은 서지정보유통지원시스템 홈페이지(http://seoji.nl.go.kr)와 국가자료종합목록 구축시스템(http://kolis-net.nl.go.kr)에서 이용하실 수 있습니다.(CIP제어번호 : CIP2019045087)

인사의 글

우파니샤드 해설에 앞서
한단불교(桓檀佛敎)와 브라만교(바라문)

《수메르 문명》(5200BC~4100BC) 마지막 왕(王)이 10대 《진 수두(지우수드라, Ziusudra)》로서 《문수보살(文殊菩薩)》이다.

이러한 《문수보살》인 《진 수두(Ziusudra)》(재위 4200BC~4100BC)가 그의 임기가 끝나갈 무렵,

원천창조주(源泉創造主)이신 《석가모니 하나님 부처님》의 허락도 없이 때에 최고 《악마(惡魔)의 신(神)》 《비로자나(毘盧遮那)》의 지시로

《수메르 문명》주력 세력들 중《석가모니 하나님 부처님》직계 후손들로서 음(陰)의 곰족(熊族)들인《사카족》을 인솔하여

《BC 4100년》남중부 메소포타미아에 자리하였던《수메르 문명》지역을 출발하여《인도》서북쪽 국경을 넘어 들어가서《아리안족(Aryans)》으로 이름되는《사카족(Sakas)》들을 정착시키게 된다.

이러한 이후《문수보살》은《사카족》중에서 건장한 무리《3,000》을 선발하여 남쪽으로는《동북 만주 지방》으로부터 북쪽《야쿠티아 자치 공화국(Yakutia Republic 또는 Sakha Republic)》과 서쪽《예니세이강(Yenisei river)》과 동쪽《사할린(Sakhalin)》이 있는 곳으로 가서

《BC 4050년 ~ BC 3550년》까지《500년》동안 그의 후손들을 교화(敎化)하여《선비국(鮮卑國, 또는 통고사국)》으로 거듭 태어나게 한 후

반복(反復)되는 윤회(輪廻)로 《한국(韓國)》을 중심한 《구막한제국(寇莫韓帝國)》 5대 《태우의 황제 또는 한웅님》(재위 3512BC~3419BC)이신 《석가모니 하나님 부처님》의 막내아들로 태어나서 《복희씨》로 이름한다.

때에 《석가모니 하나님 부처님》이신 《태우의 황제 또는 한웅님》께서 《5대 경전(經典)》인 《묘법화경(妙法華經)》, 《천부경(天符經)》, 《삼일신고(三一神誥)》, 《황제중경(皇帝中經)》, 《황제내경(皇帝內經)》을 소의 경전으로 하여 《한단불교(桓檀佛敎)》를 창시(創始)하시게 된다.

이러한 이후 《석가모니 하나님 부처님》이신 5대 《태우의 황제 또는 한웅님》께서는 지난 세월 《문수보살》이 《아리안족(Aryans)》으로도 이름된 《사카족(Sakas)》을 이끌고 인도 서북 지방으로 들어와서 이들을 안착시킨 인연으로

막내아들인《복희씨》로 이름하고 태어난《문수보살》로 하여금《한단불교(桓檀佛敎)》5대 경전(經典)을《인도》의《사카족》들에게 전하여 줄 것을 명령하시는 것이다.

이로써《복희씨》로 이름된《문수보살》은《한단불교(桓檀佛敎)》5대 경전(五大經典)을《BC 3450년》《사카족》들에게 전달하는 것이다.

이로써 이후《한국(韓國)》을 중심한《구막한제국(寇莫韓帝國)》에서 육신(肉身)의 죽음을 맞이하신《석가모니 하나님 부처님》이신《태우의 황제 또는 한웅님》께서는 반복(反復)되는 윤회(輪廻)로

곧바로《인도》의《인드라프라스타(Indraprastha)》의 왕(王)《유디스티라(Yudhisthira)》(생몰 3418BC~3347BC)로 이름하시고 재탄생이 되신다.

이렇게 하여 재탄생이 되신 《유디스티라(Yudhisthira)》 왕으로 이름하신 《석가모니 하나님 부처님》께서는 때에 《사카족》으로 이름한 《아리안족》에 전하여졌던 《한단불교(桓檀佛敎)》 5대 경전(五大經典) 중 《인도인》들의 정서(情緖)에 맞도록 《산스크리트어(語)》로 쉽게 풀어서 기록하고 이를 《리그베다》로 이름하고 《BC 3370년》에 《브라만교(Brahmanism)》를 창시(創始)하심으로써

《한단불교(桓檀佛敎)》를 이름만 바꾸어 《브라만교(敎)》로 고스란히 옮겨 놓으신 것이다.

 즉, 경전(經典)의 형식과 명칭만 다를 뿐이지 그 뜻은 똑같은 《석가모니 하나님 부처님》의 한뜻으로써 《브라만교(敎)》가 곧 《인도판》 《한단불교(桓檀佛敎)》임을 《미륵불(彌勒佛)》이신 《메시아(Messiah)》가 분명히 하는 것이다.

 《인도》가 《구한(九桓)》 중의 하나인 《매구여국(또

는 직구다국)》으로써 《한민족(韓民族)》 국가 중의 하나임을 밝혀 왔다.[1]

 이러한 《인도》 역시 《한민족(韓民族)》 역사 파괴의 피해를 심각하게 입은 나라로써 지금 전하여져 오는 《인도》의 역사(歷史) 대부분은 심하게 왜곡되어 《진실(眞實)》성이 없다.

 특히, 《한단불교(桓檀佛敎)》를 없앤 《대마왕》 불보살들인 고대 인도에서 《마누(Manu)》로 이름된 《다보불》과 《문수보살》과 《연등불》 등과 최고 《악마의 신》인 《대마왕신(神)》 《비로자나(毘盧遮那)》와 화신(化神)의 《석가모니》 등이 반복(反復)되는 윤회(輪廻)로 《인도》 땅에 태어나서 《인도》의 역사를 파괴하고 왜곡하여 엉터리 기록들만 남겨 놓음으로써

오늘날 전하여져 오는 《브라만교(敎)》의 역사를 《한

---

1) [구한(九桓)]
미륵불(2015), 진실된 세계의 역사와 종교 상(上), 아나출판사 등.

단불교(桓檀佛敎)》와의 연결고리 차단을 위해《BC 1500년》대의 종교(宗敎)로 기록하는 파렴치한 거짓 기록을 남겨 놓고 있는 것이다.

 분명히 말씀 드리되,《브라만교(敎)》는《인도판》《한단불교(桓檀佛敎)》로써《BC 3370년》에《석가모니 하나님 부처님》께서《유디스티라(Yudhisthira)》왕으로 이름하고 창시(創始)하신 종교(宗敎)라는 점을 분명히 하는 것이다.

 그리고《바라문교(敎, 브라만교)》경전(經典)인《리그베다(Rig Veda)》에 있어서《상히타(Samhita, 本集)》는《천부경(天符經)》을 풀어서 쓰신 것이며,《브라흐마나(Brahmana, 梵書)》는《삼일신고(三一神誥)》를 풀어서 쓰신 경(經)이며《아란야카(Aranyaka, 森林書)》는《황제중경(皇帝中經)》을 풀어서 쓰신 경(經)이며,

《우파니샤드(Upanishad)》는《황제내경(皇帝內經)》내용을 깨달은 불보살(佛菩薩)들이 스스로 깨달은 내용

을 《법인가(法印可)》를 위해 《석가모니 하나님 부처님》께 시간 차이를 두고 《논문(論文)》 제출하듯이 한 것을 한데 묶어 《우파니샤드(Upanishads)》라고 한 것이다.

이러한 《우파니샤드》 중 《브리하다란야까(Brihadaranyaka)》 우파니샤드는 이 글을 쓰고 있는 《미륵불(彌勒佛)》께서 쓰신 경(經)임을 밝혀 두는 바이며,

이와 같이 《우파니샤드》는 우주간(宇宙間)과 세간(世間)의 진리(眞理)의 법(法)을 비유로써 인간들을 일깨우기 위해 만든 최고의 명상 자료이기 때문에

명상(冥想)을 즐거이 함으로써 쉽게 진리(眞理)에 접근하여 인간 육신(肉身) 내면에 있는 나(我)의 본체(本體)인 《영혼(靈魂)》과 《영신(靈身)》과 《속성(屬性)》을 《맑음》과 《밝음》으로 유도하여 어렵지 않게 성불(成佛)하게 할 수 있는 크나큰 장점이 있어서

금번 각종 미륵불(彌勒佛) 저서(著書)에 인용된 《우파

니샤드》 내용을 따로 묶어 한 권의 명상서(冥想書)로 출간하는 것이오니

불자(佛者)들 뿐만 아니라 많은 수행자들이 가까이 하시게 되면 큰 이익이 따를 것임을 《미륵불(彌勒佛)》이 분명히 알려 드리며 인사의 글로 대하는 바이다.

서기 2018년 2월

글쓴이 미륵불(佛)

목 차

인사의 글 ··· 7

목 차 ·· 16

1. 우파니샤드 해설

[1] 『마이뜨리 우파니샤드(Maitrayaniya Upanishad)』「제6장 24절」 ·· 23

[2] 『마이뜨리 우파니샤드(Maitrayaniya Upanishad)』「제6장 17절」 ·· 47

[3] 『브리하다란야까 우파니샤드(Brihadaranyaka Upanishad)』「제1장 제2편 6항」 ··· 60

[4] 『브리하다란야까 우파니샤드(Brihadaranyaka Upanishad)』「제1장 제2편 7항」 ··· 66

※ 강주(講主) ·· 89

[5] 『브리하다란야까 우파니샤드(Brihadaranyaka Upanishad)』「제1장 제2편 1항」 …………………………………… 99
[6] 『브리하다란야까 우파니샤드(Brihadaranyaka Upanishad)』「제1장 제2편 2항 …………………………………… 105
[7] 『브리하다란야까 우파니샤드(Brihadaranyaka Upanishad)』「제1장 제2편 3항」 …………………………………… 108
[8] 『까타 우파니샤드(Katha Upanishad)』「제2부 제3장 1」 …………………………………… 125
[9] 『까이 알리야 우파니샤드(Kaivalya Upanishad)』「제1장 8」 …………………………………… 128
[10] 『마이뜨리 우파니샤드(Maitrayaniya Upanishad)』「제6장 4절」 …………………………………… 132
[11] 『문다까 우파니샤드(Mundaka Upanishad)』「제2장 제2편 9항」 …………………………………… 135
[12] 『슈베따 슈바따라 우파니샤드(Shvetashvatara Upanishad)』「제3장 제1편」 …………………………………… 136
[13] 『까타 우파니샤드(Katha Upanishad)』「제2부 제1장 6편, 7편」 …………………………………… 138
[14] 『브리하다란야까 우파니샤드』(Brihadaranyaka Upanishad)「제5장 제15편 1항」 …………………………………… 141

[15] 『브리하다란야까 우파니샤드(Brihadaranyaka Upanishad)』「제2장 제2편 3항」 ·········· 150

[16] 『찬도기야 우파니샤드(Chandogya Upanishad)』「제3장 제15편 1항」 ·········· 168

[17] 『브리하다란야까 우파니샤드(Brihadaranyaka Upanishad)』「제3장 제8편 4항」 ·········· 183

[18] 『브리하다란야까 우파니샤드(Brihadaranyaka Upanishad)』「제1장 제4편 1항」 ·········· 185

[19] 『까타 우파니샤드(Katha Upanishad)』「제1부 제3장 10편, 11편, 12편」 ·········· 188

[20] 『까타 우파니샤드(Katha Upanishad)』「제2부 제1장 1, 2」 ·········· 191

[21] 『까타 우파니샤드(Katha Upanishad)』「제1부 제2장 5, 6」 ·········· 193

2. 우파니샤드 용어 해설

[1] 삼진(三眞)

   1) 진성(眞性)

      마이뜨리 우파니샤드 제6장 38편 ·················· 195

   2) 진명(眞命)

      마이뜨리 우파니샤드 제6장 4편 ···················· 199

   3) 진정(眞精)

      마이뜨리 우파니샤드 제6장 24편 ·················· 208

[2] 삼진(三眞)과 성(性)

   1) 문다까 우파니샤드 제3장 제1편 1장 ··············· 224

   2) 문다까 우파니샤드 제3장 제1편 2장 ··············· 226

   3) 문다까 우파니샤드 제3장 제1편 3장 ··············· 227

   3) 문다까 우파니샤드 제3장 제1편 4장 ··············· 229

[3] 성(性)과 명(命)

   1) 마이뜨리 우파니샤드 제6장 27편 ···················· 233

   2) 빠잉갈라 우파니샤드 제4장 1편~7편 ··············· 235

[4] 성(性)과 속성(屬性)

1) 마이뜨리 우파니샤드 제3장 2편 ·················· 249

2) 마이뜨리 우파니샤드 제3장 3편 ·················· 252

[4] 호흡과 성(性)의 30궁(宮)

1) 까우쉬다끼 우파니샤드 제3장 2편 ·············· 256

2) 까우쉬다끼 우파니샤드 제3장 9편 ·············· 258

[5] 정명(精命)

1) 마이뜨리 우파니샤드 제6장 12편 ················ 269

2) 마이뜨리 우파니샤드 제6장 13편 ················ 272

[6] 마음(心)

까타 우파니샤드 3부 제1장 7편 ······················ 276

[7] 삼도(三途)

쁘리샤나 우파니샤드 제4장 1편 ······················ 278

[8] 인간(人間)

슈베따 슈바따라 우파니샤드 제4장 5편~11편 ·· 280

※ 강주(講主) ·· 297

표 목차

[표] 인간 구조 ·· 37
[표] 법공(法空) 1회 진화(進化)의 주기 정리 ················ 54

그림 목차

[도형] 마음(心) A ······································ 36, 244
[도형] 마음(心) B ·· 36
[도형] 4만개 유전자 도형 ·································· 41
[그림] 휴식기 법공도(法空圖) ······························· 52
[그림] 진화기 법공도(法空圖) ······························· 53
[그림] 상천궁(上天宮) 10성(星) ··························· 116
[그림] 개천이전(開天以前) 음(陰)의 36궁(宮) ············ 118
[그림] 선천우주(先天宇宙)와 후천우주(後天宇宙) 때의

지이삼(地二三) 우주 ·· 145

[그림] 천일궁(天一宮)을 포함한 천일우주(天一宇宙) 100의
　　　궁(宮) ·· 152

[그림] 오리온 별자리 성단 ·· 154

[그림] 중앙천궁상궁(中央天宮上宮) ······································ 156

[도형] 여섯 뿌리와 진공(眞空) 구슬 ······························ 204

1. 우파니샤드 해설

[1] 마이뜨리 우파니샤드(Maitrayaniya Upanishad)
「제6장 24절」

> "현자들이 또 말하기를,
> 육신은 활이며 오움(Om)은 화살이다.
>
> 마음은 과녁이다. 어둠은 과녁의 표시.
>
> 무지로 덮여 있는
> 어두움을 지나고 나면
> 어두움이 덮이지 않은 곳에 도달하리니
> 그 어두움을 꿰뚫고 나면

자신의 성(性)을 보리라.

그가 곧 브라만(Brahman)이니
불의 수레바퀴와도 같이
태양(太陽)과 같은 빛으로
활활 타오르는 그를 보리라.
모든 어두움 너머에 있는 자이며
저 태양(太陽) 속에 빛나는 자이며
달 속에, 불 속에, 번개 속에
있는 자이다.
그 브라만(Brahman)을 보게 되면
불멸을 얻으리라.

현자들이 또 말하기를,
명상은 지고의 존재인
브라만(Brahman)을 깨닫는 길이니

외부의 대상은
명상의 대상이 될 수가 없다.
그렇기 때문에 명상을 통해
특정 지울 수 없고
이해할 수 없는 존재를
특정 지울 수 있게 된다.

마음이 소멸하면
그때 거기에는 그 대상이 필요 없는
환희가 있을 것이니
그것이 곧 브라만(아뜨만)이요
불멸이요 빛 그 자체이다.
그것이 길이며
그것이 참의 세상이로다."

상기 『우파니샤드』 내용은 마음(心)의 근본 뿌리의 《성(性)의 30궁(宮)》과 《진정(眞精)》인 《중성자(中性子) 6》이 36궁(宮)을 이루고 심장 속에 자리한 모습과 명상(冥想)을 통하여 이를 특정 지울 수 있는 점을 절묘하게 조화시켜 노래한 대목이다.

(1)

> 육신은 활이며 오움(Om)은 화살이다.

"육신은 활이요 오움은 화살이다"라는 대목의 '육신은 활이며'라는 대목은 육신(肉身)을 가진 인간이 삼매(三昧)에 임하는 상태를 노래한 대목이며,

'오움(Om)은 화살이다'라는 대목의 '오움'은 《진명광(眞命光)》을 이름하는 것이며 '화살'은 《깊은 삼매

(三昧)》를 비유한 것이다.

 이러한 오움의 《삼매(三昧)》가 적멸(寂滅)한 경계에 들어가는 《삼매(三昧)》이다.

 이러한 뜻을 감안한 해설은

> "육신(肉身)을 가진 인간이 삼매(三昧)를 행(行)할 때 적멸(寂滅)한 경계에 드는 깊은 삼매(三昧)를 행하면"

이라는 뜻의 풀이가 된다.

(2)

> "마음은 과녁이다. 어둠은 과녁의 표시."

"마음은 과녁이다"라는 대목은 '과녁'이 곧 《마음》이라는 뜻과도 같은 대목이다.

이러한 뜻을 감안하면 이 대목의 해설은

> "마음은 과녁이다. 어두움은 마음의 표시."

라는 뜻으로 풀이가 된다.

(3)

> 무지로 덮여 있는 어두움을 지나고 나면
> 어두움이 덮이지 않은 곳에 도달하리니
> 그 어두움을 꿰뚫고 나면
> 자신의 성(性)을 보리라.

상기 대목이 여러분들의 내면(內面)에 자리하는 또 하나의 자기(自己)인 마음(心)의 근본 뿌리인 《성(性)의 30궁(宮)》을 보게 됨을 노래한 것이다.

(4)

> 그가 곧 브라만(Brahman)이니
> 불의 수레바퀴와도 같이
> 태양(太陽)과 같은 빛으로

> 활활 타오르는 그를 보리라.
> 모든 어두움 너머에 있는 자이며
> 저 태양(太陽) 속에 빛나는 자이며
> 달 속에 불 속에 번개 속에 있는 자이다.
> 그 브라만(Brahman)을 보게 되면
> 불멸을 얻으리라.

이 장에서 노래되는 브라만(Brahman)은 진정(眞精)인 《중성자(中性子) 6》이 36궁(宮)의 중심을 이루고 있는 모습을 말하며,

진정(眞精)의 작용(作用)의 모습을 "**불의 수레바퀴와도 같이 태양(太陽)과 같은 빛으로 활활 타오르는 그를 보리라.**"라고 노래하고 있는 것이며,

이러한 진정(眞精)인 《중성자(中性子) 6》은 《밝음》의 주인공이기 때문에 "**모든 어둠 너머에 있는 자이며**"라고 노래되는 것이다.

이와 같은 진정(眞精)이 태양성(太陽星)이나 달(月)의 핵(核)과 똑같은 상태이며 불 속에 있는 것도 마찬가지이다.

그러나 번개 속에 있는 것은《진명(眞命)》인《양전자(陽電子)》를 말하는 것이다.

이와 같은 사실적 노래가 "**저 태양(太陽) 속에 빛나는 자이며 달 속에 불 속에 번개 속에 있는 자이다.**"라고 노래되고 있는 것이다.

이러한 진정(眞精)을 보게 되는 것을 <u>견성성불(見性成佛)</u>이라고 하며 <u>보살도(菩薩道) 성취의 보살(菩薩)을 이루었다</u>고 하는 것이다.

보살도 성취의 보살이 되었을 때 생사(生死)를 초월한 불멸(不滅)의 경지에 들게 되는 것이다.

[1] 마이뜨리 우파니샤드 제6장 24절

이러한 내용을 "그 브라만(Brahman)을 보게 되면 **불멸을 얻으리라**"고 노래하고 있는 것이다.

(5)

> "현자들이 또 말하기를,
> 명상은 지고의 존재인
> 브라만(Brahman)을 깨닫는 길이니
> 외부의 대상은
> 명상의 대상이 될 수가 없다.
> 그렇기 때문에 명상을 통해
> 특정 지울 수 없고
> 이해할 수 없는 존재를
> 특정 지울 수 있게 된다."

명상(冥想)이라는 용어(用語)와 삼매(三昧)라는 용어

는 같은 뜻을 가진 용어이나 수행면에서 강도가 더 깊은 것이 삼매(三昧)이다.

 인간(人間)의 내면(內面)에 있는 또 하나의 참(眞) 주인공인 자기(自己)를 찾는 삼매(三昧)에서는 외부의 대상은 삼매(三昧)의 대상이 될 수가 없음을 노래하고

이러한 깊은 삼매(三昧)로써만이 진정(眞精)의 존재를 깨달을 수 있기 때문에 삼매(三昧)를 통해 진정(眞精)의 존재를 특정 지을 수 있음을 노래한 대목이다.

 그러나 현대과학은 《게놈 프로젝트(Genome project)》에서 성(性)의 양자영(陽子靈) 24를 《염기서열 24계열》로 설명하고 있으며,

이러한 성(性)의 양자영(陽子靈) 24와 진정(眞精)인 중성자영(中性子靈) 6의 합(合) 30궁(宮)이 영체(靈體)를 이루고 있는 것이라고 필자는 구체적으로 설명하고

[1] 마이뜨리 우파니샤드 제6장 24절

있는 것이다.

 그러나 이러한 자기(自己) 내면(內面)의 또 다른 주인공인 자기(自己)를 보고자 할 때 현재로써는 깊은 삼매(三昧)로써만이 가능함을 분명히 말씀드리는 것이다.

(6)

> "마음이 소멸하면
> 그때 거기에는 그 대상이 필요 없는
> 환희가 있을 것이니
> 그것이 곧 브라만(아뜨만)이요
> 불멸이요 빛 그 자체이다.
> 그것이 길이며 그것이 참의 세상이로다."

인간 진화(進化)의 주인공은 《성(性)의 30궁(宮)》이다.

이러한 《성(性)의 30궁(宮)》은 《양자영(陽子靈) 18》과 《양자영(陽子靈) 6》과 《전자영(電子靈) 6》이 《6×6》 구조를 이루고 《양자영(陽子靈) 18》 주위를 회전하는 《영신(靈身)》으로 자리함으로써 《성(性)의 30궁(宮)》을 이루고 있는 것이다.

이러한 《성(性)의 30궁(宮)》이 인간 육신(肉身)을 가질 때는 《석가모니 하나님 부처님》의 나뉨인 진성(眞性) 1과 진명(眞命) 3과 진정(眞精) 6의 《삼진(三眞) 10》이 내려와 합류하여 40궁(宮)을 이루어 작용(作用)을 하게 된다.

이러한 작용(作用)을 간략히 기록하면, 《진성(眞性) 1》과 《진명(眞命) 1》은 《양음(陽陰)》 짝을 하여 인간의 《우뇌(右腦)》와 《눈동자》로 자리하고

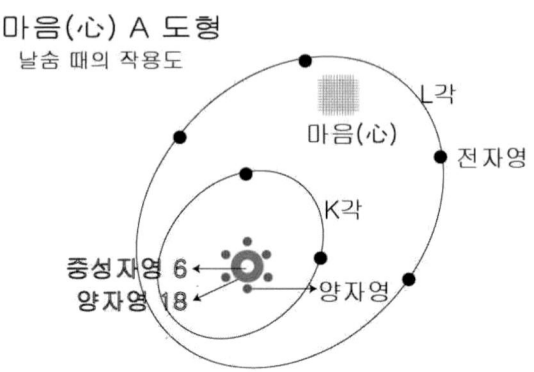

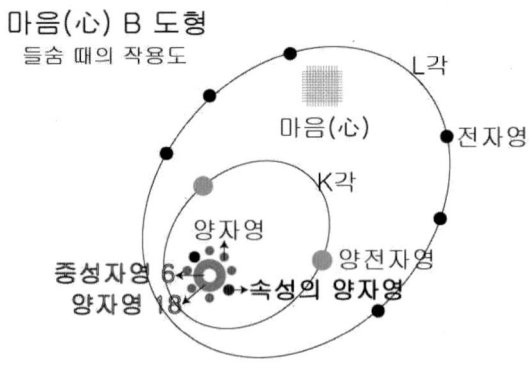

영혼(靈魂) : 양자영 18과 중성자영 6
영신(靈身) : 양자영 6과 전자영 6

《성(性)의 30궁(宮)》과 진정(眞精)인《중성자(中性子) 6》은 36궁(宮)을 이루어《영혼(靈魂)》과《영신(靈身)》이 되어 인간의 심장에 자리한다.

이와 같은《양자영(陽子靈) 18》과 진정(眞精)인《중성자영(中性子靈) 6》이 이루는 24궁(宮) 외곽에서 영

[표] 인간(人間) 구조

구분	명칭		갯수	비고
삼진 (三眞)	진성(眞性)	反中性子	1	
	진명(眞命)	陽電子	3	
	진정(眞精)	中性子	6	靈魂
내면 (內面)	성(性)의 30궁(宮)	양자영(陽子靈)	18	
			6	靈身
		전자영(電子靈)	6	
육신 (肉身)	속성(屬性)[2]	심장	유전자 360개	
	육근(六根)	眼耳鼻舌身意	유전자 3,600개	
	육신(肉身)		유전자 36,000개	

[1] 마이뜨리 우파니샤드 제6장 24절

신(靈身)의 《양자영(陽子靈) 6》과 속성(屬性)의 《양자영(陽子靈) 2》가 회전을 하는 바깥 궤도에 K각의 궤도를 가지고 진명(眞命)인 《양전자(陽電子) 2》가 회전을 하고 K각 바깥에 L각의 궤도를 가지고 《성(性)》의 《명(命)》인 《전자영(電子靈) 6》이 회전을 하는 구조를 가지고 있다.

이러한 구조에서 인체(人體) 내에서 영체(靈體)를 이루고 있는 수많은 개체의 전자군(電子群)들이 신경망을 통해 정보(情報)를 가지고 와서 L각의 《전자영(電子靈) 6》에 부딪힘으로써 정보 전달을 하게 된다.

이 과정에서 미세한 《전자광(電子光)》이 무수히 발생한다.

---

2) 속성(屬性)은 좁게는 유전자 360을 뜻하기도 하지만, 넓게는 4만개 유전자들 중 성(性)의 40궁(宮)을 제외한 유전자 39,960을 의미하기도 한다.
미륵불(2019), (최종개정판) 三一神誥(상일신고), 아나출판사.등.

한편, 인체 내의 수많은 개체의 《양자군(陽子群)》들이 영체(靈體)를 이루어 혈액이 되어 있다.

이러한 혈액의 핏돌 하나하나가 심장으로부터 공급받은 《산소 O》를 꽁무니에 달고 인체 내를 여행을 하다가

각각의 세포에 산소 O를 공급하고 발생한 《이산화탄소》를 꽁무니에 달고 인체 내를 여행하게 된다.

이때 떼어놓은 《이산화탄소》는 《성(性)의 양자영(陽子靈) 24》에 부딪혀 정보(情報) 전달을 하고 날숨(出息)을 통해 밖으로 배출이 된다.

이때 부딪힌 양자영(陽子靈)에게서도 미세한 《양자광(陽子光)》이 발생한다.

이렇듯 발생한 《전자광(電子光)》과 《양자광(陽子光)》이 혼재되어 《전자영(電子靈) 6》이 회전하는 ㄴ각과 《속성(屬性)》 사이의 빈 공간에 비유하자면 미세한 안개구름 같이 형성되어 자리하는 것이다.

이렇게 자리한 상태가 《다르마의 구름》 또는 《슬기》라고도 하는 마음(心)인 것이다.

이렇게 만들어진 《마음》이 다시 안(眼)·이(耳)·비(鼻)·설(舌)·신(身)·의(意) 6근(根)을 거느리는 《속성(屬性)》에 영향력을 미치게 됨으로써 육신(肉身)을 가진 인간에게 행(行)으로 나타나게 되는 것이다.

이러한 작용(作用) 때문에 마음(心)은 일어날 수도 있고 마음이 생기지 않을 수도 있는 것이다.

이 때문에 <u>마음(心)의 근본 뿌리로써 《성(性)의 30</u>

궁(宮)》을 진화(進化)의 주인공으로 이름하는 것이다.

　이와 같은 설명을 참고하여 『우파니샤드』 내용의 설명을 계속하겠다.

　《영신(靈身)》의 《전자영(電子靈) 6》에게 입력된 잘

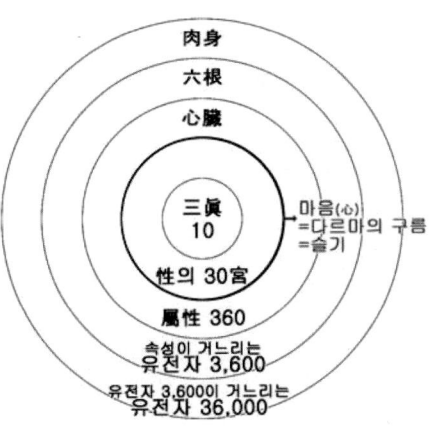

[4만개 유전자 도형]

[1] 마이뜨리 우파니샤드 제6장 24절

못된 정보(情報)와 《성(性)의 양자영(陽子靈) 24》에 입력된 잘못된 정보를 《업(業)》이라고 하며, 어두움의 대명사인 《암흑물질》이 그 본체이다.

이와 같은 《전자영(電子靈) 6》이 가지고 있는 《업(業)》의 청산은 《석가모니 하나님 부처님》께 의지해 깊은 참회로써 《업(業)》을 녹여 내어야 하는 것이다.[3]

이렇게 《업(業)》이 청산이 되었을 때 《명(命)》인 《전자영(電子靈)》은 《맑음》을 갖게 된다.

그리고 《성(性)의 양자영(陽子靈) 24》가 가지고 있는 《업(業)》은 《석가모니 하나님 부처님》께서 가르치시는 진리(眞理)의 공부를 꾸준히 하면서 수행으

---

3) [사홀 반야제(般若祭) : 영가(靈駕)들을 위한 법문]
http://brahmanedu.org/hanguk/books/banyaze.html
[참회기도]
http://brahmanedu.org/hanguk/materials/summary/90.html

로 《삼매(三昧)》를 생활화하였을 때 진리(眞理)의 정보가 《성(性)의 양자영(陽子靈)》들에게 입력이 되어야만 잘못된 《업(業)》의 정보가 밖으로 밀려나게 된다.

이러한 원리의 수행이 《달마조사》의 《이입사행론(理入四行論)》[4]이다.

《업(業)》의 대명사가 어두움인 《암흑물질》이다. 이와 같은 어둠을 제거하였을 때 《성(性)의 양자영(陽子靈) 24》는 《밝음》을 오롯이 할 수가 있다.

이와 같이 《전자영(電子靈) 6》은 《밝음》을 최고로 하고 성(性)의 《양자영(陽子靈) 24》는 《밝음》을 최고로 하였을 때

---

4) [달마조사의 이입사행론(理入四行論)]
http://brahmanedu.org/hanguk/materials/summary/95_2.html
미륵불(2015), (개정판)우주간의 법 해설 대승보살도 기초교리, 아나출판사, 441쪽~443쪽.

[1] 마이뜨리 우파니샤드 제6장 24절

진정(眞精)인 중성자(中性子)의 도움으로 상온(常溫)의 인간 심장 속에서 《핵융합 반응》이 일어나

《전자영(電子靈) 6》이 《중성자영(中性子靈) 2》와 《양전자영(陽電子靈) 4》로 전환이 된다.

이때가 보살도(菩薩道) 성취의 보살(菩薩)이 된 때로써 이 순간 형용할 수 없는 《환희》가 솟구치게 된다.

이러한 장면을 "**마음이 소멸하면 그 대상이 필요 없는 환희가 있을 것이니**"라고 노래하고 있는 것이다.

이렇게 하여 태어난 《중성자영(中性子靈) 2》와 《양전자영(陽電子靈) 4》가 회전하는 가운데 자리한 성(性)을 보살심(菩薩心)의 근본 뿌리로써 '성령(性靈)'이라고 하며,

석가모니 하나님 부처님께서는 《지혜(智慧)의 완성》이라고 한다.

이러한 《성령(性靈)의 30궁(宮)》이 "곧 브라만(아뜨만)이요 불멸"이라고 노래한 것이다.

이렇게 여러분들의 이해를 돕기 위해 중성자(中性子)니 양전자(陽電子)니 하고 구분하였으나 이 모두가 《공(空)》인 것이다.

그리고 "빛 그 자체인 것이다" 그리고 "그것이 길이며 그것이 참의 세상이로다"라고 노래하고 있는 것이다.

인체 내에서는 《브라만(Brahman)》과 《아뜨만(Atman)》이 함께 자리하게 되나 이 역시 진화(進化)의 정도에 따라서 《브라만(Brahman)》과 《아뜨만(Atman)》이

나누어지게 된다. 이 관계는 진행을 하면서 명쾌히 밝혀 드리겠다.

 지금까지 설명된 내용을 결론지어 말씀드리면, 『마이뜨리 우파니샤드』「제6장 24절」은 보살도(菩薩道) 성취의 보살(菩薩)의 보살심(菩薩心)의 근본 뿌리인 《성령(性靈)의 30궁(宮)》인 《지혜(智慧)의 완성》을 노래한 것이다.

 이와 같은 『우파니샤드』에서 노래되고 있는 내용을 완전히 이해하고 명상(冥想)에 젖게 되면 공부에 크게 도움이 되실 것이다.

 이로써 진리(眞理)를 공부하고 스스로의 삼매(三昧)가 점점 깊어질 때 우주간(宇宙間)의 모든 부처님들께서 그대들로 하여금 실상(實相)의 세계를 보여 주고 또한 인도하게 되어 있는 것이 사실적인 일들임을 명심하시기 바란다.

[2] 『마이뜨리 우파니샤드(Maitrayaniya Upanishad)』「제6장 17편」

> "태초에는 오로지 브라만뿐이었노라
> 그는 하나였으며 무한한 존재였노라.
> 그는 동서남북으로 무한하며
> 위아래 그리고 모든 방향으로
> 무한한 존재였노라.
> 그에게 동쪽과 그것과 반대방향이란
> 존재하지 않았으며
> 가로 지르는 것도 아래위라는 것도
> 존재하지 않았노라.
> 고정됨이 없는 지고의 존재는
> 끝이 없고 태어난 적이 없고
> 논리로 설명될 수 없는

상상을 초월한 자이었노라.

그는 적멸(寂滅)한 경계와 같고
만물이 파괴된 상태에서
홀로 깨어 있는 존재였노라.
이러한 적멸(寂滅)한 경계로부터
스스로의 힘으로 명상하여 만든
생각들로 구성된 모든 세상을 일깨우고
그리고 세상은
그의 안으로 사라질 것이다.

태양(太陽)의 빛으로부터
빛나는 자가 그이며
연기 없는 불 속에서 나오는
다양한 빛이 그이니라.
그리고 위 안에서 음식을 소화시키는

열기가 그이니라.
그러므로 현자들이 말하기를
그는 불 속에 있는 자,
그는 심장 속에 있는 자,
그는 태양 속에 있는 자
그들 모두가 하나요 같은 자였노라.
이것을 아는 자
그는 그 하나로 가리라."

(1)

"태초에는 오로지 브라만뿐이었노라
그는 하나였으며 무한한 존재였노라.
그는 동서남북으로 무한하며
위아래 그리고 모든 방향으로

[2] 마이뜨리 우파니샤드 제6장 17절

> 무한한 존재였노라.
> 그에게 동쪽과 그것과 반대방향이란
> 존재하지 않았으며
> 가로 지르는 것도 아래위라는 것도
> 존재하지 않았노라.
> 고정됨이 없는 지고의 존재는
> 끝이 없고 태어난 적이 없고
> 논리로 설명될 수 없는
> 상상을 초월한 자이었노라."

상기 대목의 브라만(Brahman)은 《석가모니 바이로차나 하나님 부처님》을 지칭하고 있는 것이다.

이 대목의 노래는 법공(法空)의 법성(法性)의 자리를 노래하고 있는 대목으로써 법공(法空) 전체가 《석가모니 바이로차나 하나님 부처님》의 육신(肉身)임을 상기하시기 바란다.

(2)

> "그는 적멸(寂滅)한 경계와 같고
> 만물이 파괴된 상태에서
> 홀로 깨어 있는 존재였노라.
> 이러한 적멸(寂滅)한 경계로부터
> 스스로의 힘으로 명상하여 만든
> 생각들로 구성된 모든 세상을 일깨우고
> 그리고 세상은
> 그의 안으로 사라질 것이다."

"그는 적멸(寂滅)한 경계와 같고, 만물이 파괴된 상태에서 홀로 깨어 있는 존재였노라."는 대목은 휴식기 법공(法空)의 법성(法性)의 상태를 노래한 것이다.

다음으로 "이러한 적멸(寂滅)한 경계로부터 스스로의 힘으로 명상하여 만든 생각들로 구성된 모든

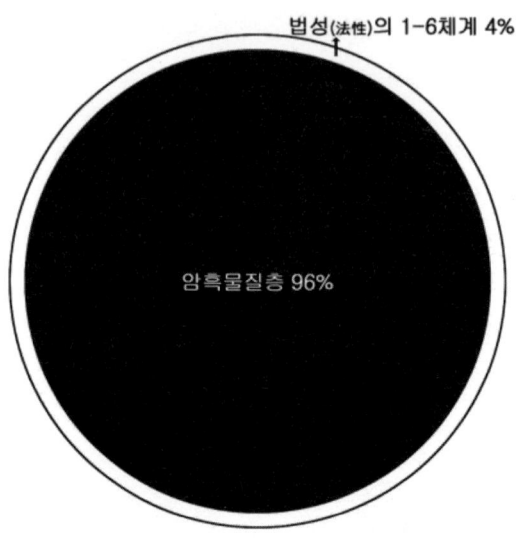

세상을 일깨우고 그리고 세상은 그의 안으로 사라질 것이다"라는 대목의 뜻은 휴식기의 법공(法空)이 휴식기(休息期)를 끝낸 후 새로운 진화기(進化期)에 돌입할 때 파동(波動)에 의해 법성(法性)의 작용(作用)으로《석가모니 바이로차나 하나님 부처님》의 의도된 프로그램대로《대공(大空)》을 있게 하고

이러한 《대공(大空)》을 바탕으로 현재의 우주가 있게 한 후

1회 진화(進化)의 주기가 끝이 나게 되면 대공(大空)

진화기 법공도(法空圖)

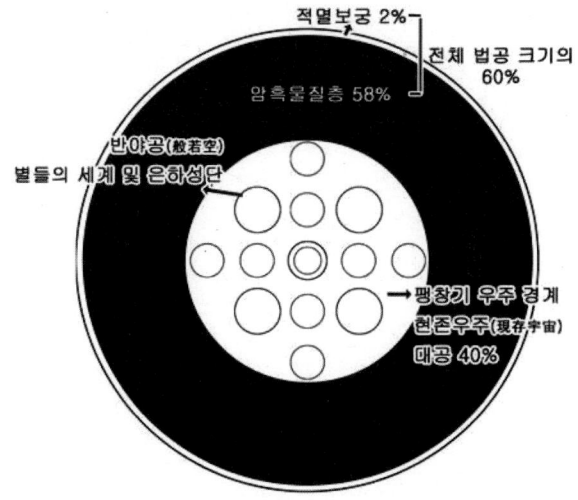

[2] 마이뜨리 우파니샤드 제6장 17절

과 대공(大空)을 바탕으로 한 현재의 우주는 모두 붕괴되어 다시 《법성(法性)》과 《암흑물질》이 음양(陰陽) 짝을 한 《법성(法性)》으로 돌아가는 것을 노래한 대목이다.[5]

법공(法空)의 1회(回) 진화(進化)의 주기 정리

1. 팽창기 :   (지구계 시간 기준)   460억 년
           (우주 전체 시간 기준) 4,600억 년

2. 수축기 :   (지구계 시간 기준)   140억 년
           (우주 전체 시간 기준) 1,400억 년

3. 붕괴기 :   (지구계 시간 기준)   300억 년
           (우주 전체 시간 기준) 3,000억 년

4. 휴식기 :   (지구계 시간 기준)   100억 년
           (우주 전체 시간 기준) 1,000억 년

※ 합 계 :   (지구계 시간 기준) 1,000억 년
           (우주 전체 시간 기준) 10,000억 년

---

5)
미륵불(2016), (최종개정판) 우주간의 법 해설 정본(正本) 반야바라밀다심경, 아나출판사.
미륵불(2015), (개정판) 妙法華의 실상(實相)의 법(法), 아나출판사 등.

(3)

> "태양(太陽)의 빛으로부터
> 빛나는 자가 그이며
> 연기 없는 불 속에서 나오는
> 다양한 빛이 그이니라.
> 그리고 위 안에서 음식을 소화시키는
> 열기가 그이니라.
> 그러므로 현자들이 말하기를
> 그는 불 속에 있는 자,
> 그는 심장 속에 있는 자,
> 그는 태양 속에 있는 자
> 그들 모두가 하나요 같은 자였노라.
> 이것을 아는 자 그는 그 하나로 가리라."

　근본진리(根本眞理)에서는 《법공(法空)》의 《법성(法性)》을 구체적으로 이야기할 때 《법성(法性)의 1-6 체계》라고 표현을 한다.

즉, 법성(法性)은 둥근 공(空)을 뜻함으로써 법공(法空) 전체의 외곽적인 형상을 표현한 말이고

《1-6체계》에서 《1》은 《석명광(釋明光)》을 이야기하며 《6》은 (-6), (+6)이 음양(陰陽) 짝을 한 다이아몬드와 같이 6각 고리를 가진 고열을 가진 불꽃 없는 불덩어리로써 응축된 기체의 다이아몬드를 이야기한다.

이 뜻은 무색투명하며 고열을 가진 《기체의 다이아몬드》 덩어리 표면을 잔잔히 섬광이 튀듯 반짝거리는 형상을 《법성(法性)의 1-6체계》라고 하는 것이다.

이러한 《법성(法性)의 1-6체계》에 있어서 《1》인 《석명광(釋明光)》은 음양(陰陽) 짝을 한 흰색(白色)을 말한다.

즉, 음(陰)의 흰색(白色)이 밝고 환한 색을 말하며 양(陽)의 흰색(白色)이 옥돌색 뽀얀 흰색을 말한다.

이러한 음양(陰陽)의 백색(白色)을 "**태양(太陽)의 빛으로부터 빛나는 자가 그이며 연기 없는 불 속에서 나오는 다양한 빛이 그이니라.**"라고 노래하고 있는 것이다.

이와 같은 하나인 《1》의 자리에 있는 《석명광(釋明光)》이 바로 《하나님》의 자리인 것이다.

다음으로 《1-6체계》에서 《6각 고리》를 가진 무색투명한 고열을 가진 《기체의 다이아몬드》를 "**그리고 위 안에서 음식을 소화시키는 열기가 그이니라.**"라고 노래하고 있는 것이다.

이와 같은 《법성(法性)의 1-6체계》가 새로이 진화

[2] 마이뜨리 우파니샤드 제6장 17절

기(進化期)에 돌입하면서 《파동(波動)》함으로써

난법(煖法), 정법(頂法), 인법(忍法), 세제일법(世第一法) 등 《사선근위(四善根位)》와 여섯 뿌리의 진공(眞空)과 색(色), 수(受), 상(相), 행(行), 식(識) 등의 오온(五蘊)의 과정을 거쳐[6]

11단계째에 중성자(中性子), 양자(陽子), 중간자(中間子), 양전자(陽電子), 전자(電子) 등 《다섯 기초 원소》로 태어나는 것이다.

이러한 장면을 "그는 불 속에 있는 자, 그는 심장 속에 있는 자, 그는 태양 속에 있는 자, 그들 모두가 하나요 같은 자였노라."라고 노래하고 있는 것이다.

---

6) [사선근위(四善根位)와 오온(五蘊)]
미륵불(2016), (최종개정판) 정본(正本) 반야바라밀다심경(般若波羅蜜多心經), 아나출판사.
미륵불(2015), (개정판) 妙法華의 실상(實相)의 법(法), 아나출판사.
미륵불(2015), (개정판) 우주간의 법 해설 대승보살도 기초교리, 아나출판사 등.

이와 같은 『마이뜨리 우파니샤드(Maitrayaniya Upanishad)』「제6장 17편」은 《법공(法空)의 진화(進化)》를 노래한 귀중한 내용을 담고 있는 것이다.

[3] 『브리하다란야까 우파니샤드(Brihadaranyaka Upanishad)』「제1장 제2편 6항」

> "그는 다시 거대한 제례를
> 갖추어 볼까 생각했다.
> 그는 쉼없이
> 고행스러운 정진을 하였다.
> 그가 고행스러운 정진을 하는 동안
> 죽음으로부터 이름값과 힘이 나왔다.
> 명(命)은 이름값과 힘이다.
> 죽음으로부터 명(命)이 나올 때
> 그의 몸은 부풀기 시작했고
> 그러나 그의 마음은
> 몸 안에 그대로 있었다."

이 장에서 노래되는 '그'는 《진성광(眞性光)》과 《진명광(眞命光)》이 《양음(陽陰)》 짝을 한 《여섯 뿌리의 진공(眞空)》 뿌루사군(群)들로써

이를 《브라만(Brahman)》으로 이름하고 《석가모니 하나님 부처님》의 진화(進化) 단계를 이름하고 있는 것이다.

《죽음》은 《여섯 뿌리의 진공(眞空)》 뿌루사군(群)들이 《암흑물질층》 내부로 분출이 되어 한 곳에 모여 개천이전(開天以前)의 《정명궁(正明宮)》[7]의 《커블랙홀》을 만든 것을 이름하고 있다.

---

7) [개천이전 정명궁(正明宮)]
미륵불(2019), (최종개정판) 三一神誥(삼일신고), 아나출판사.
미륵불(2018), (최종개정판) 天符經(천부경), 아나출판사.
미륵불(2016), (최종개정판) 정본(正本) 반야바라밀다심경(般若波羅蜜多心經), 아나출판사.
미륵불(2015), (개정판) 妙法華의 실상(實相)의 법(法), 아나출판사.
미륵불(2015), (개정판) 우주간의 법 해설 대승보살도 기초교리, 아나출판사 등.
http://brahmanedu.org/hanguk/books/heart/books_heart_vods.html 등.

《여섯 뿌리의 진공(眞空)》뿌루사군(群)들이 "**고행스러운 정진을 하였다.**"함은 《커블랙홀》의 외곽으로부터 《암흑물질》을 끌어들여 활발한 삼합(三合) 활동을 하며

성질이 같은 것은 《커블랙홀》내부에 남게 하고 성질이 다른 것은 외부로 밀어내는 《작용(作用) 반작용(反作用)》을 활발히 하는 것을 노래하고 있는 것이다.

이러한 작용(作用) 결과, 《커블랙홀》인 죽음은 서서히 태양수(太陽數) ⊕9의 핵(核)을 가지게 되는 것이다.

이때 《커블랙홀(Kerr black hole)》로부터 만들어진 《전자(電子)》와 《중간자(中間子)》가 반작용(反作用)에 의해 외부로 분출이 되는 것이다.

이러한 작용(作用)을 "죽음으로부터 힘이 나왔다. 《명(命)》은 이름값과 힘이다."라고 노래하고 있는 것이다.

이러한 《명(命)》이 곧 《전자(電子)》인 것이다.

이와 같은 작용(作用)으로써 《커블랙홀》은 같은 성질의 것의 작용(作用)에 의해 핵(核)을 만들어감으로써 핵(核)은 점차적으로 더 커지게 되는 것이다.

이러한 핵(核)의 자람을 "죽음으로부터 명(命)이 나올 때 그의 몸은 부풀기 시작했다."라고 노래하고 있는 것이다.

"그러나 그의 마음은 몸 안에 그대로 있었다"라고 노래하는 대목은 《정명궁(正明宮)》을 이룬 《커블랙홀》이 태양수(太陽數) ⊕9의 핵(核)을 만들기 위해 계속 작용(作用)함으로써 내부적으로는 핵(核)이 자라나고 있기 때문에 '그의 마음'은 핵(核)의 몸 안에 그대로 있었다라고 노래하고 있는 것이다.

『브리하다란야까 우파니샤드 제1장 제2편 6항』이 노래하고 있는 이때를 근본진리(根本眞理)의 법칙을 정리한 필자의 저서(著書)『(개정판) 妙法華의 실상(實相)의 법(法)』(미륵불, 2015)에서는『정명궁(正明宮) 보신불궁(報身佛宮) 용체(用體)의 과정』이라고 설명하고 있다.

즉, 정명궁(正明宮)의 보신불(報身佛) 과정으로써 이때《커블랙홀》은 서서히 태양수(太陽數) ⊕9의 핵(核)을 가지는 것이다.

이때 정명궁(正明宮)의 핵(核)은 중성자(中性子)를 중심한 들어오는 길에《양전자(陽電子)》가 자리하고 핵(核)의 외곽을 형성하는 길에《양자(陽子)》가 만들어

져 자리하는 관계로

이러한 핵(核) 덩어리의 반작용(反作用)에 의해 전자(電子)가 외부로 빠르게 밀려나게 되는 것이다.

 이 과정에서 정명궁(正明宮)의 핵(核)은 태양성(太陽星)의 핵(核)으로 만들어지는 것이다.

[4] 『브리하다란야까 우파니샤드(Brihadaranyaka Upanishad)』「제1장 제2편 7항」

> "그는 '나의 육신이 제례를 위하여 알맞게 쓰여졌으면 그리고 이것을 통하여 모습을 드러낼 수 있었으면'하고 소망했다.
>
> 그렇기 때문에 그의 몸은 부풀어 올랐고 그래서 아슈마(馬)로 불리게 되었다.
>
> 제례를 위하여 알맞게 사용됨으로써 말(馬)의 제례가 생겨났다.
>
> 이것을 아는 자는 말(馬)의 제례의식을 진정 아는 자이다.

그는 말(馬)과 같은 그 자신의 몸을 상상하며 심사숙고하였다.

일 년 후 그는 자신의 몸을 제례에 바쳤고 그리고 다른 짐승들은 신(神)들에게 보냈다.

그로부터 성(聖)스러운 제례의 날이 되면 쁘리하스 빠디(Prajapati)와 모든 신(神)들에게 성스러운 말(馬)을 공양하였다.

말의 제례는 타오르는 것이요 그것은 일 년의 시간이다.

아그니(Agni)는 아르까(Arka)요 이 세상은 아르까로부터 비롯되었다. 이 둘(아

> 그니와 태양)은 아르까(Arka)이며 말의 제례의식이다. 그리고 이 둘은 다시 명(命)과 죽음이 되었다.
>
> 이것을 아는 자 그는 죽음을 극복하고 죽음을 맞지 않으며 죽음조차도 그 자신이 된다. 그는 신(神)과 하나가 된다."

(1)

> "그는 '나의 육신이 제례를 위하여 알맞게 쓰여졌으면 그리고 이것을 통하여 모습을 드러낼 수 있었으면'하고 소망했다. 그렇기 때문에 그의 몸은 부풀어 올랐고 그래서 아슈마(馬)로

> 불리게 되었다. 제례를 위하여 알맞게 사용됨으로써 말(馬)의 제례가 생겨났다. 이것을 아는 자는 말(馬)의 제례의식을 진정 아는 자이다."

'그'는 정명궁(正明宮)을 이루고 있는 《브라만(Brahman)》을 이야기한다.

이러한 정명궁(正明宮)이 법공(法空)의 법성(法性)의 자리로부터 암흑물질층 내부로 분출 후 정명궁(正明宮)의 《커블랙홀》이 만들어진 10억 년(億年) 만에 《전자(電子)》들과 《중간자》들이 만들어져 외부로 분출이 된 것이다.[8]

---

8)
미륵불(2016), (최종개정판) 정본(正本) 반야바라밀다심경(般若波羅蜜多心經), 아나출판사.
미륵불(2015), (개정판) 妙法華의 실상(實相)의 법(法), 아나출판사 등.

이러한 정명궁(正明宮)의 회전(回轉) 방향이 시계 방향의 회전으로써 《1-3의 길 회전》이라 하며

정명궁(正明宮) 반작용(反作用)에 의해 외부로 빠른 속도로 5억 년 바깥으로 밀려난 《전자(電子)》와 《중간자》가 밀려난 길을 《1-4의 천마(天馬)의 길》이라고 하며 《시계 반대 방향 회전(回轉) 길》이 된다.[9]

이러한 《천마(天馬)의 길》을 따라 외부로 분출되는 《전자(電子)》와 《중간자》가 5억 년 바깥으로 밀려난 후 거대한 공(空)을 이룬 이후 곧바로 《커블랙홀》과정으로 돌입하게 된다.

---

9) [개천이전 정명궁(正明宮)과 진명궁(眞明宮)]
미륵불(2019), (최종개정판) 三一神誥(삼일신고), 아나출판사.
미륵불(2018), (최종개정판) 天符經(천부경), 아나출판사.
미륵불(2018), 보살불교 묘법화경·해설 시리즈, 아나출판사.
미륵불(2016), (최종개정판) 정본(正本) 반야바라밀다심경(般若波羅蜜多心經), 아나출판사.
미륵불(2015), (개정판) 妙法華의 실상(實相)의 법(法), 아나출판사.
미륵불(2015), (개정판) 우주간의 법 해설 대승보살도 기초교리, 아나출판사
미륵불(2015), (개정판) 불교기초교리핵심 81강, 아나출판사 등.

이러한 장면을 "그렇기 때문에 그의 몸은 부풀어 올랐고 그래서 아슈바(馬)로 불리게 되었다"라고 노래하고 있는 것이다.

이렇게 분출된 《전자(電子)》와 《중간자(中間子)》가 빠르게 밀려난 곳으로부터 《암흑물질》을 밀어내고 《전자(電子)》가 바탕을 이루기를 서서히 하여 궁극적으로 《진명궁(眞明宮)》《커블랙홀》의 경계를 만들게 된다.

이러한 장면을 "그는 '나의 육신이 제례를 위하여 알맞게 쓰여졌으면 그리고 이것을 통하여 모습을 드러낼 수 있었으면'하고 소망했다."라고 노래하고 있는 것이다.

이러한 《전자(電子)》의 바탕에서 《정명궁(正明宮)》과 짝을 하는 《진명궁(眞明宮)》이 탄생을 하게 되는 장면을 "제례를 위하여 알맞게 사용됨으로써 말(馬)

[4] 브리하다란야까 우파니샤드 제1장 제2편 7항

의 제례의식이 생겨났다."고 노래하고 있는 것이다.

(2)

> "그는 말(馬)과 같은 그 자신의 몸을 상상하며 심사숙고하였다. 일 년 후 그는 자신의 몸을 제례에 바쳤고 그리고 다른 짐승들은 신(神)들에게 보냈다."

이러한 《전자(電子)》의 바탕이 《진명궁(眞明宮)》《커블랙홀》의 경계를 만들어갈 때

《정명궁(正明宮)》은 중성자(中性子), 양전자(陽電子), 양자(陽子)로 이루어진 핵(核)을 완성하게 된다.

이때 반작용(反作用)에 의해 《전자(電子)》와 함께 분출되는 중간자(中間子)인 항성풍 역시 1-4의 천마(天馬)의 길을 따라 일정한 거리까지 밀려난 후 전자(電子)를 바탕으로 하여 《커블랙홀》의 일원이 된다.

이와 같은 《커블랙홀(Kerr black hole)》을 《진명궁(眞明宮)》이라고 하며, 이때를 『실상(實相)의 법(法)』(2015)에서는 「진명궁(眞明宮)의 육합(六合)의 삼합(三合) 법신불궁(法身佛宮)의 과정」이라고 이름하며 이에 대한 이치의 계산을 상세히 하여 두었다.

이렇게 진명궁(眞明宮)이 육합(六合)의 삼합(三合)의 과정인 《커블랙홀》로 만들어진 후 육합(六合)의 육합(六合) 과정이 시작될 때 정명궁(正明宮)으로부터 《여섯 가지 진공(眞空)》이 대거 밀려와 진명궁(眞明宮)은 서서히 《태양수(太陽數) ⊕9의 핵(核)》을 이루고 이후 《화이트홀》의 과정으로 돌입하게 된다.

이러한 장면을 "그는 말(馬)과 같은 자신의 몸을 상상하며 심사숙고하였다. 일 년 후 그는 자신의 몸을 제례에 바쳤고 그리고 다른 짐승들은 신(神)들에게 보냈다"라고 노래하고 있는 것이다.

이때 노래되는 '일 년'은 방편으로써 진명궁(眞明宮)《태양수(太陽數) ⊕9의 핵(核)》→《화이트홀》→《퀘이샤》→《황금알대일(黃金卵大一)》의 과정을 겪고 대폭발을 일으켜 탄생된 별(星)이 태양성(太陽星)으로써 현재의 북극성(北極星)이기 때문에 태양성(太陽星) 핵(核)임을 암시하기 위해 '일 년'이라는 방편을 쓴 것이다.

"그 자신의 몸은 제례에 바쳤고 그리고 다른 짐승들은 신(神)들에게 보냈다."라는 대목에서 정명궁(正明宮)으로부터 분출된 《전자(電子)》와 《중간자(中間子)》와 《여섯 가지의 진공(眞空)》이 진명궁(眞明宮) 핵(核)의 자리에 들어가는 장면을 "그 자신의 몸은 제례에 바쳤고"라고 노래한 것이다.

그리고 '다른 짐승'은 양자(陽子)를 비유한 것이며 '신(神)들'은 전자(電子)를 이야기하는 것이다.

전자(電子)가 명(命)으로써 작용을 하는 전자(電子)를 제외한 바탕을 이루고 있는 전자군(電子群)들을 신(神)으로 호칭을 하는 것이다.

이 때문에 우리들 말에 신명(神命)이라는 용어(用語)가 있게 되는 것이다.

이렇듯 양자(陽子)의 씨종자들은 바탕을 하고 있는 전자(電子)들에게 보내게 된 것을 "**다른 짐승들은 신(神)들에게 보냈다**"라고 노래하고 있는 것이다.

진명궁(眞明宮) 육합(六合)의 육합(六合) 때에 중성자(中性子)와 양자(陽子)의 씨종자가 대거 몰려든 근본

원인이 《법공(法空)》의 《법성(法性)》의 자리가 《적멸보궁(寂滅寶宮)》으로 전환이 되면서 마지막 순수 진공 뿌루샤들이 《정명궁(正明宮)》으로 유입되었기 때문에 정명궁(正明宮)으로부터 중성자(中性子)와 양자(陽子)를 이룰 수 있는 씨종자들이 대거 《진명궁(眞明宮)》으로 몰려들게 되는 것이다.

이 이후 《적멸보궁(寂滅寶宮)》으로부터 《정명궁(正明宮)》으로 공급되는 《진공(眞空)》 뿌루사들은 단절이 된 것이다.

(3)

> "그로부터 성(聖)스러운 제례의 날이 되면 쁘리하스 빠디(Prajapati)와 모든 신(神)들에게 성스러운 말(馬)을 공양하였다."

《석가모니 하나님 부처님》께서 《정명궁(正明宮)》 등의 천궁(天宮)을 이루고 《핵(核)》으로 자리하였을 때를 『우파니샤드』에서는 《브라만(Brahman)》이라고 이름하고

《진명궁(眞明宮)》에 《비로자나(毘盧遮那)》가 자리할 때 《쁘라자(Praja)》로 표현을 하며

《쁘리하스 빠디(Prajapati)》라고 하였을 때는 《석가모니 하나님 부처님》의 《음신(陰身)》이신 《위음왕여래(威陰王如來)》를 말하는 것이다.

이로써 볼 때, 《쁘리하스 빠디》라고 할 때는 《정명궁핵(正明宮核)》의 외곽에 자리하는 양자군(陽子群) 또는 양자(陽子)의 집합체(集合體)를 지칭하고 있음을 알 수가 있다.

"그로부터 성(聖)스러운 제례의 날이 되면 쁘리하스 빠디와 모든 신(神)들에게 성스러운 말(馬)을 공

양하였다"라고 노래한 뜻은 성(聖)스러운 제례날이 되면 《양자군(陽子群)》들과 우주를 바탕으로 하는 《전자군(電子群)》들에게 성스러운 《전자(電子)》를 공양하였다는 뜻으로 노래한 대목이 되는 것이다.

성(聖)스러운 제례가 한민족(韓民族) 사회에서는 고사(告祠)라는 미풍양속으로 전하여져 오고 있다.

이러한 고사(告祠)의 연유가 개천(開天) 이전(以前)의 물질이 만들어지면서 비롯된 것인데,

완성되지도 않은 현대과학(現代科學)의 미신(迷信)을 믿는 자들은 그들이 미신(迷信)을 믿고 있다는 사실을 모르고

오히려 진리(眞理)에 입각한 아름다운 풍속을 미신(迷信)이라고 하니 어찌 인간 세상이 조용할 수가 있겠는가!

(4)

> "말의 제례는 타오르는 것이요 그것은 일 년의 시간이다."

이 대목의 노래는《전자(電子)》의 바탕에서《커블랙홀》→《태양수(太陽數) ⊕9의 핵(核)》→《화이트홀(White hole)》→《퀘이샤(Quasar)》→《황금알대일(黃金卵大一)》의 과정을 겪고 태양성(太陽星)이 탄생되는 것을 비유로써 노래한 대목이다.

(5)

> "아그니(Agni)는 아르까(Arka)요 이 세상은 아르까로부터 비롯되었다. 이 둘(아그니와 태양)은 아르까(Arka)이며 말의 제례의식이다. 그리고 이

[4] 브리하다란야까 우파니샤드 제1장 제2편 7항

> 둘은 다시 명(命)과 죽음이 되었다."

'아그니(Agni)'는 불꽃을 이야기하는 것이며 '아르까(Arka)'는 《수소(H), 수소의 결합, 수소의 핵융합 반응 등의 수소(H)의 작용》을 이야기하는 것이다.

물질(物質)의 합성이 본격적으로 시작이 된 시점이 《진명궁(眞明宮)》 육합(六合)의 육합(六合)[10] 때부터이다.

이때에 물(水)이 만들어지고 복합 원소들이 만들어지는 것이다.

---

10) 미륵불(2015), (개정판) 妙法華의 실상(實相)의 법(法), 아나출판사.

전편의 "일 년 후 그는 자신의 몸을 제례에 바쳤고 그리고 다른 짐승들은 신(神)들에게 보냈다"라는 대목에서 '짐승'이 양자(陽子)의 비유이며 '신(神)'이 바탕을 하는 전자군(電子群)들임을 밝혀 드렸다.

 이러한 양자(陽子) 1개와 전자(電子) 1개가 결합한 것이 수소(H)가 되는 것이다.

 이러한 《수소(H)의 핵(核) 융합》 반응이 《진명궁(眞明宮)》에서 일어나는 것을 이 대목에서는 《아르까(Arka)》로 이름하고 있는 것이다.

 이러한 핵(核) 융합 반응으로 나타나는 것이 불꽃인 아그니(Agni)와 빛의 알갱이인 양자(陽子)인 것이다.

 이와 같은 '불꽃과 빛의 알갱이'를 《이 둘(아그니

와 태양)》이라고 노래하고 있는 것이다.

즉, 이 둘은 수소(H)의 핵(核) 융합 반응으로써 나타나는 결과이기 때문에 《이 둘(아그니와 태양)》을 《아르까(Arka)》라고 노래한 것이다.

또한, 이러한 모든 일이 일어나게 된 것은 《전자(電子)》가 바탕을 함으로써 일어나기 때문에 "**말(馬)의 제례의식이다.**"라고 노래하고 있는 것이다.

수소(H)가 만들어짐으로써 "**이 세상이 있게 된 것을 이 세상은 아르까(Arka)로부터 비롯되었다**"라고 노래하며

아울러 '아그니(Agni)는 아르까(Arka)'라고 핵(核) 융합 반응을 노래하고 있는 것이다.

"그리고 이 둘은 명(命)과 죽음이 되었다"라는 대목은 《진명궁(眞明宮)》이 《황금알대일(黃金卵大一)》의 과정을 겪고 대폭발을 하여 태양성(太陽星)을 탄생시킨다.

이러한 태양성(太陽星) 빛으로 인하여 탄소 순환이 이루어지면서 명(命)인 전자(電子)가 작용의 《전자(電子)》로 자리하게 되고

태양성(太陽星)의 활발한 활동기가 끝이 나면 다시 태양성(太陽星) 핵(核)의 붕괴로 흑점 활동을 통해 항성풍이 되어 외부로 분출되었다가 다시 천궁(天宮)인 《커블랙홀》을 이루게 되는 장면을 "**그리고 이 둘(아그니와 태양)은 다시 명(命)과 죽음이 되었다**"라고 노래하고 있는 것이다.

이렇듯 물질(物質)이 만들어지기는 이 우주가 탄생하기 이전에 이미 《진명궁(眞明宮)》에서 만들어진 이치를 모르다 보니 현대과학은 《빅뱅》 이론이라는

해괴한 거짓 학설에 놀아나고 있는 것이다.

(6)

> "이것을 아는 자 그는 죽음을 극복하고 죽음을 맞지 않으며 죽음조차도 그 자신이 된다. 그는 신(神)과 하나가 된다."

이 대목에서 **"그는 죽음을 극복하고 죽음을 맞지 않으며"**의 '죽음'은 인간의 죽음을 노래한 것이며

"죽음조차도 그 자신이 된다"의 '죽음'은 천궁(天宮)인 《커블랙홀》을 뜻하는 것이다.

"그는 신(神)과 하나가 된다"의 '신(神)'은 전자(電

子)가 진화(進化)한 반전자(反電子)로써의 양전자(陽電子)를 지칭하는 것으로써 "그는 신(神)과 하나가 된다"는 뜻은 보살도(菩薩道) 성취의 보살(菩薩)이 된다는 뜻이다.

 진화(進化)의 당체인 인간 마음(心)의 근본 뿌리인 《성(性)의 30궁(宮)》은 인간 내면(內面)에 도사리고 앉아 있는 또 하나의 자기(自己)로서 본래의 주인공이 된다.

 이러한 성(性)의 30궁(宮)은 양자영(陽子靈) 18과 그 주위를 《양자영(陽子靈) 6》과 《전자영(電子靈) 6》이 영체(靈體)를 이루고 회전을 하고 있다.

 이러한 인간이 진리(眞理)를 공부하게 되면 양자영(陽子靈)인 영(靈)은 밝아지고 명(命)인 전자영(電子靈) 6은 맑음을 갖게 된다.

이때 《밝음과 맑음》이 최고에 도달하였을 때 삼매(三昧) 중에 상온(常溫)에서 인간의 심장 속 깊은 곳에서 핵(核) 융합 반응이 일어나

명(命)인 전자영(電子靈) 6이 중성자영(中性子靈) 2와 양전자영(陽電子靈) 4로 전환이 된다.

이때가 형용할 수 없는 《환희심》을 동반하고 보살도(菩薩道) 성취의 보살(菩薩)이 된 때로써 이때를 **"그는 신(神)과 하나가 된다"**라고 노래하고 있는 것이다.

이러한 보살심(菩薩心)의 근본 뿌리를 《성령(性靈)의 30궁(宮)》이라고 하며 인간 육신을 벗었을 때는 곧바로 천궁(天宮)으로 들어가게 된다.

이러한 것을 《지혜(智慧)의 완성으로 천궁(天宮)으로 들어가는》 반야바라밀다(般若波羅蜜多)[11]라고 한다.

이러한 뜻을 죽음인 《커블랙홀》이 진화(進化)를 하는 천궁(天宮)으로 들어간다고 하여 **"죽음조차도 그 자신이 된다."**고 노래하고 있는 것이다.

  지금까지 설명된 《정명궁(正明宮)》과 《진명궁(眞明宮)》을 개천이전(開天以前)에 만들어진 《석가모니 하나님 부처님》의 《양음(陽陰)》이라고 하며

이를 분리하여 설명할 때는 《정명궁(正明宮)》이 《석가모니 하나님 부처님》의 법궁(法宮)이 되며

《진명궁(眞明宮)》이 한때는 《석가모니 하나님 부처님》의 분신(分身)(橫)인 《비로자나(Virochana)》가 자리하였으나 때에 《석가모니 하나님 부처님》 법(法)에 반역하여 《진명궁(眞明宮)》으로부터 쫓겨남으로써

《대관세음보살》님이 《25억 년(億年)》을 관리한 후 《위음왕여래(威陰王如來)》[12]의 우주적 장자(長子)이신

---

11) 미륵불(2016), (최종개정판) 정본(正本) 반야바라밀다심경(般若波羅蜜多心經), 아나출판사 등.
12) 미륵불(2018), (최종개정판) 天符經(천부경), 아나출판사 등.

《노사나불(佛)》과 《일월등명불(佛)》에게 물려줌으로써 최종은 《노사나불(佛)》의 법궁(法宮)이 되는 것이다.

※ 講主

　『브리하다란야까 우파니샤드(Brihadaranyaka Upanishad)』「제1장 제2편 6항」은 《정명궁(正明宮)》이 《커블랙홀》의 과정을 겪을 때를 비유로 노래한 내용이며

　『브리하다란야까 우파니샤드(Brihadaranyaka Upanishad)』「제1장 제2편 7항」은 《정명궁(正明宮)》의 분출로 1-4의 천마(天馬)의 길이 형성되어 《진명궁(眞明宮)》이 만들어지는 사항을 비유한 것이다.

　《석가모니 하나님 부처님》의 세 가지 참됨인 진성(眞性)·진명(眞命)·진정(眞精)에서 더욱 더 진화(進化)된 것이 진성광(眞性光)과 진명광(眞命光)으로써

　이들이 양음(陽陰) 짝을 한 여섯 뿌리 진공

(眞空)을 《브라만(Brahman)》이라고 하며 이때가 《석가모니 하나님 부처님》의 자리가 되며,

법(法)이 일어나 삼진(三眞)인 진성(眞性)·진명(眞命)·진정(眞精)으로 나뉘어졌을 때가 역시 《석가모니 하나님 부처님》이 된다.

즉, 《여섯 뿌리 진공(眞空)》은 《진공(眞空)》의 상태이며,

《진성(眞性)》은 반중성자(反中性子)로써 《석가모니 하나님 부처님》의 자리가 되고,

《진명(眞命)》은 양전자(陽電子)로써 《석가모니 하나님 부처님》의 부인이신 《원조 성(聖)관음(觀音)님》 다스림의 자리가 된다.

이러한 《석가모니 하나님 부처님》께서 《하나님》의 자리에 계실 때가 현대과학 용어(用語)로써 《슈바르츠실트 블랙홀》에 계실 때를 이름하며, 이때의 《슈바르츠실트 블랙홀》을 《진성궁(眞性宮)》이라고 한다.

이러한 《진성궁(眞性宮)》의 중심은 반중성자(反中性子)이며 외곽은 양전자(陽電子)로 되어 있다.

이때 반중성자(反中性子)는 진정(眞精)인 중성자(中性子)를 끌어들여 부딪힘으로써 쌍소멸을 하게 되는데 이때 발생하는 것이 진성광(眞性光)으로써

《음(陰)의 진성광(眞性光)》은 《적멸보궁(寂滅寶宮)》으로 들게 되고 《양(陽)의 진성광(眞性光)

》은 《대공(大空)》 속에 남게 된다.

 한편, 《진명(眞命)》인 《양전자(陽電子)》는 《전자(電子)》를 끌어들여 쌍소멸을 하게 된다. 이때 발생하는 것이 《진명광(眞命光)》이다.

 이러한 《진명광(眞命光)》도 《음양(陰陽)》이 분리되어 《음(陰)의 진명광(眞命光)》은 두터운 암흑물질층을 뚫고 《적멸보궁(寂滅寶宮)》으로 들어가 《진성광(眞性光)》과 《음양(陰陽)》 짝을 하여 자리하게 되고

《양(陽)의 진명광(眞命光)》은 《대공(大空)》 속에 남아 《양(陽)의 진성광(眞性光)》과 《음양(陰陽)》 짝을 하여 하나가 된 후 《암흑물질》과 다시 《음양(陰陽)》 짝을 함으로써 《대공(大空)》의 바탕을 이룬다.

이때 역시 《석가모니 하나님 부처님》의 자리가 되며 대공(大空) 속에서 파동(波動)에 의해 법(法)이 일어나게 된다.

 '**법(法)이 일어난다**'는 뜻은 《진성광(眞性光)》과 《진명광(眞命光)》이 《양음(陽陰)》 짝을 하고 있다가 파동(波動)에 의해 진명광(眞命光)이 진성광(眞性光)을 바탕으로 하여 비유하자면 유리구슬같이 둥글게 되면서 암흑물질을 유리 구슬 속으로 끌어들인다.

 이때가 오온(五蘊)의 색(色)의 단계가 된다. 이와 같은 색(色)의 단계를 반야공(般若空)이라 한다.

 이러한 법(法)의 일어남으로부터 《석가모

니 하나님 부처님》의 역할이 분리되어 유리
구슬 속의 진성광(眞性光)은 석가모니 하나님
부처님의 《양(陽)》의 영역이 되고 테두리를
한 유리구슬이 《석가모니 하나님 부처님》《
음(陰)》의 작용(作用)의 자리가 되는 것이다.

이로써 나머지 오온(五蘊)의 단계가 진행
이 되는 것이다.

이 때문에 《파동(波動)》에 의한 법(法)의 일
어남을 《원천 싸이클(Cycle)》로써 《진명광(眞
命光)》이라고 하며

이때가 《석가모니 하나님 부처님》《음(陰)》
의 관리 영역이 된다.

이와 같이 법(法)이 일어나 미세한 유리구슬을 만들 때를 《오움(Om)》이라고 하는 것이다.

이리하여 오온(五蘊)의 과정을 마치고 다음 단계인 오양(五陽)의 단계가 다섯 기초원소인 중성자(中性子), 양자(陽子), 중간자(中間子), 양전자(陽電子), 전자(電子)의 잉태가 되는 것이다.

《진성궁(眞性宮)》인 《슈바르츠실트 블랙홀》을 갖는 것은 《석가모니 하나님 부처님》만의 고유의 권한이며

이 작용(作用)이 《석가모니 하나님 부처님》만 가지시는 권위요, 권능(權能)인 것이다.

[4] 브리하다란야까 우파니샤드 제1장 제2편 7항

이로써 태어난 다섯 기초 원소 중 중간자
(中間子)는 변환 과정의 일시적인 원소이며
이를 제외한 중성자(中性子)와 양전자(陽電子)
는 양자(陽子)와 전자(電子)를 진화(進化)시키기
위해 태어난 원소인 것이다.

양자(陽子)가 진화(進化)되면 중성자(中性子)
가 되며 중성자(中性子)가 진화(進化)된 것이
반중성자(反中性子)인 진성(眞性)이다.

또한,《전자(電子)》가 진화(進化)된 것이 반
전자(反電子)로써 양전자(陽電子)이다.

이로써 나타난 진성(眞性)인 반중성자(反中
性子)와 진명(眞命)인 양전자(陽電子)와 진정(眞
精)인 중성자(中性子)를 세 가지 참됨인 삼진

(三眞)이라고 하며 《석가모니 하나님 부처님》의 표상이 되는 것이다.

이렇듯 여섯 뿌리의 진공(眞空)인 《브라만》보다 한 단계 덜 진화(進化)된 《삼진(三眞)》에 대해 충분히 설명을 드렸다.

이러한 삼진(三眞)인 진성(眞性)·진명(眞命)·진정(眞精) 역시 《브라만(Brahman)》이라고 하는 것이다.

지금까지의 설명은 대공(大空) 속에서 일어난 작용(作用)을 말씀 드린 것이며

우주 진화(進化)가 처음 시작이 될 때는 이와는 반대의 순서로 작용(作用)이 되는 것이

> 며 우주 탄생 이후는 지금까지 설명된 내용
> 의 작용(作用)이 일어남을 혼동하지 마시기
> 바란다.

[5] 『브리하다란야까 우파니샤드(Brihadaranyaka Upanishad)』「제1장 제2편 1항」

"처음에는 이 세상에 아무것도 없었다.
모든 것이 죽음과 허기로 덮여 있었다.
허기가 곧 죽음이다.

그는 내가 마음을 만들어 볼까
생각하고 마음을 창조했다.
그는 그 자신에게 염(念)을 모았고
그 염(念)으로 인하여 물(水)이 생겨났다.
그리하여 염(念)으로써
물(水)이 생겨났다고 하여
아르까(Arka)로 부르게 되었다.

> 이러한 아르까(Arka)의 의미를
> 아는 자는
> 그 의미대로 기쁨 속에 살리라."

(1)

> "처음에는 이 세상에 아무것도 없었다.
> 모든 것이 죽음과 허기로 덮여 있었다.
> 허기가 곧 죽음이다."

'<u>죽음과 허기</u>'는 정명궁(正明宮)이나 진명궁(眞明宮)이 《커블랙홀》을 이루어 부지런히 삼합(三合) 활동을 하여 작용(作用)함으로써 같은 성질의 물질은 내부로 끌어들이기 때문에 이를 비유한 말이 《커블랙홀》을 '죽음'으로 작용(作用)하여 내부로 끌어들이는 삼합(三合) 활동을 '허기'로 비유하여

"처음에는 이 세상에 아무것도 없었다. 모든 것이 죽음과 허기로 덮여 있었다. 허기는 곧 죽음이다"
라고 노래함으로써

처음에는 아무것도 없었으며 다만 <u>《커블랙홀》의 《삼합(三合)》 활동만</u> 있었다고 노래하고 있는 것이다.

(2)

> "그는 내가 마음을 만들어 볼까 생각하고
> 마음을 창조했다.
> 그는 그 자신에게 염(念)을 모았고
> 그 염(念)으로 인하여 물(水)이 생겨났다.

[5] 브리하다란야까 우파니샤드 제1장 제2편 1항

> 그리하여 염(念)으로써
> 물(水)이 생겨났다고 하여
> 아르까(Arka)로 부르게 되었다."

'그'는 《브라만(Brahman)》이신 《석가모니 하나님 부처님》을 말하며

"**내가 마음을 만들어 볼까 생각하고 마음을 창조했다**"라는 대목은 법공(法空)의 법성(法性)의 자리가 새로운 진화기(進化期)에 돌입하면서 파동(波動)하여 만들어진 진공(眞空) 뿌루사들이 암흑물질층 내부로 분출되어 만들어진 정명궁(正明宮)의 《커블랙홀》이 《암흑물질》을 끌어들여 삼합(三合) 활동을 함으로써

다섯 기초 원소인 중성자(中性子), 양자(陽子), 중간자(中間子), 양전자(陽電子), 전자(電子)를 만들어

중성자(中性子)와 양자(陽子)와 양전자(陽電子)는 정명

궁(正明宮)의 핵(核)이 되기 위해 남고

《중간자(中間子)》는 변환 과정의 기초 원소와 결합을 위해 중매쟁이 노릇을 하고 핵(核)과 성질이 다른 전자(電子)와 함께 반작용(反作用)에 의해 정명궁(正明宮) 밖으로 분출된 것이다.

이와 같이 정명궁(正明宮)의 핵(核)을 만든 작업을 "그는 내가 마음을 만들어 볼까 생각하고 마음을 창조했다"고 노래하고 있는 것이다.

이후《정명궁(正明宮)》의 물질 분출로《진명궁(眞明宮)》을 만들게 되고 그로써 수소(H)가 만들어지게 되고

이러한 수소(H)가 다시 산소(O)와 결합함으로써 물(水)이 생겨난 것을 "그는 **자신에게 염(念)을 모았고 그 염(念)으로 인하여 물(水)이 생겨났다**"라고 노래하고 있는 것이다.

그리고 물(水)이 생겨난 이유가 수소(H)와 산소(O)의 결합이므로 이러한 결합을 '염(焱)'으로써 노래하면서 이와 같은 수소(H)의 결합 역시 아르까(Arka)라고 노래한 대목이 "**그리하여 염(焱)으로써 물(水)이 생겨났다고 하여 아르까(Arka)로 부르게 되었다**"라고 노래하고 있는 것이다.

[6] 『브리하다란야까 우파니샤드(Brihadaranyaka Upanishad)』「제1장 제2편 2항」

> "물은 아르까(Arka)이다.
> 그 물(水)의 요소들이 응고되어
> 땅이 되었다.
> 그 땅이 생겨났을 때
> 그는 피곤을 느꼈다.
> 이렇게 고행 정진하는 동안
> 그의 정수가 광채가 되어
> 밖으로 나왔다.
> 이것이 아그니(Agni)이다."

상기 대목은 수소(H)와 산소(O)의 결합이 물(水)이며 수소(H)의 핵(核) 융합 반응으로 아그니(Agni)인

불꽃이 광채가 되어 밖으로 나온 것으로써 이들이 모두 《아르까(Arka)》라고 노래하고 있는 대목이다.

즉, 아르까(Arka)라고 하면 수소(H), 수소(H)의 결합, 수소(H)의 핵(核) 융합 반응으로 그 의미를 한정지을 수가 있는 것이다.

"그 물의 요소들이 응고되어 땅이 되었다"라고 노래되는 대목은 이슬이나 작은 물방울 등이 공(空)의 역할을 하면서 외부 물질을 끌어들여 응고되어 이렇게 응고된 크고 작은 물질들이 다시 한 곳에 모여 물(水)에 의해 한 덩어리가 되는 여러 번의 과정을 거쳐 땅이 되었음을 노래한 장면이다.

그리고 그 땅이 생기고 난 후 땅을 표면으로 한 내부에서 핵(核) 융합 반응이 일어나는 장면을 "**그 땅이 생겨났을 때 그는 피곤을 느꼈다. 이렇게 고행 정진하는 동안**"이라고 노래한 것이며,

그 결과로써 "그의 정수가 광채가 되어 밖으로 나왔다"라고 노래한 것이다.

이로써 생겨난 불꽃이 곧 《아그니(Agni)》라고 노래하고 있는 것이다.

[7] 『브리하다란야까 우파니샤드(Brihadaranyaka Upanishad)』「제1장 제2편 3항」

> "쁘라자는
> 그 스스로를 삼등분하였으니,
> 그 자신 외에
> 태양(아디띠아)과 바람(와유)이
> 각기 삼분의 일씩을 차지하게 되었다.
> 마찬가지로 호흡도 삼등분되었다.
>
> 동쪽은 그의 머리이며
> 북동과 남동쪽은 그의 팔이다.
> 서쪽은 그의 꼬리,
> 북서쪽과 남서쪽은 그의 두 다리,

> 남쪽과 북쪽은 그의 측면이며
> 하늘(天)은 그의 뒷 부분이다.
> 대공(大空)은 그의 배이며,
> 땅은 가슴이다.
>
> 쁘라자는 물 속에도 들어 있으니
> 이 모든 원리를 잘 아는 사람은
> 어디를 가든 확고히 서리라."

(1)

> "쁘라자는 그 스스로를 삼등분하였으니, 그 자신 외에 태양(아디띠아)과 바람(와유)이 각기 삼분의 일씩을 차지하게 되었다. 마찬가지로 호흡도 삼등분되었다."

'쁘라자'는 진명궁(眞明宮) 핵(核)으로 자리하였을 때의 《비로자나(毘盧遮那)》를 뜻하는 용어이다.

《정명궁(正明宮)》으로부터 만들어진 물질에 의해 《진명궁(眞明宮)》이 만들어진다.

이러한 진명궁(眞明宮)이 《태양(太陽)》을 이루었을 때를 《아디띠아 태양》이라고 하는 것이다.

태양성(太陽星)에도 중성자태양성(中性子太陽星)과 지금 우리들을 비추고 있는 양전자태양성(陽電子太陽星) 등 몇 가지 구분이 있다.

『우파니샤드』에서도 아디띠아 태양(太陽), 사비뜨리 태양(太陽), 수리야 태양(太陽) 등으로 구분한다.

이러한 구분에서 《아디띠아 태양(太陽)》이라고 할 때는 개천(開天) 이전(以前)의 진명궁(眞明宮)이 진화의 과정 중 《태양(太陽)》을 이루었을 때를 이야기하는 것이다.

그리고 《정명궁(正明宮)》이나 《진명궁(眞明宮)》이 회전하는 길을 '바람'인 《와유》로 비유하고 있는 것이다.

즉, 정명궁(正明宮) 핵(核)이 만든 물질(기초 원소 등)을 정명궁(正明宮)과 진명궁(眞明宮)과 회전(回轉)하는 길이 각각 삼분의 일씩을 가졌다고 노래한 대목이 **"쁘라자는 그 스스로를 삼등분하였으니 그 자신 외에 태양(아디띠아)과 바람(와유)이 각기 삼분의 일씩을 차지하게 되었다"**라고 노래하고 있는 것이다. 회전(回轉)하는 길에는 바탕으로 깔려 있는 물질도 포함이 되는 것이다.

또한, 정명궁(正明宮)이나 진명궁(眞明宮)은 각각의 궁(宮)이 세 갈래 길을 가지고 있는 것이다.

즉, 시계 방향의 회전(回轉)을 하는 정명궁(正明宮)은 정명궁(正明宮)으로 향하여 들어오는 길을 '1-3의 길'이라고 하며

정명궁(正明宮)으로부터 일정한 거리까지 만들어진 물질들이 나아갔다가 정명궁(正明宮)을 중심하여 회전(回轉)하는 길을 '3-1의 길'이라고 하며,

정명궁(正明宮)의 반작용(反作用)에 의해 회전 반대 방향으로 쏜살같이 밖으로 분출되는 길을 '1-4의 길'이라고 한다.

이렇듯 《정명궁(正明宮)》은 1-3, 3-1, 1-4의 세 갈래 길을 갖게 된다.

같은 원리로 정명궁(正明宮)의 물질 분출에 의해 만들어진 진명궁(眞明宮)은 1-4, 4-1, 1-3의 세 갈래 길을 갖게 되는 것이다.

이러한 길을 《호흡》에 비유를 하여 노래한 대목이 "**마찬가지로 호흡도 삼등분되었다.**"라고 노래하고 있는 것이다.

(2)

> "동쪽은 그의 머리이며
> 북동과 남동쪽은 그의 팔이다.
> 서쪽은 그의 꼬리,
> 북서쪽과 남서쪽은 그의 두 다리."

상기 노래되는 대목은 법공(法空)의 법성(法性)으로부터 새로운 진화기(進化期)가 시작되면서 법성(法性)이 파동을 함으로써

《석가모니 하나님 부처님》께서 가르침을 주시는 《세제일법(世第一法)》 진공(眞空)과 여섯 뿌리의 무수한 진공(眞空)이 법공(法空) 내부의 법공(法空) 크기의 40%되는 《암흑물질층》으로 분출된 후

정명궁(正明宮)을 이루고 다섯 기초 원소를 만든 후 스스로는 중성자태양성(中性子太陽星)의 핵(核)의 과정을 거치면서 많은 물질을 분출하여

《진명궁(眞明宮)》을 만들고 물질 합성을 함으로써 36궁(宮)의 경계를 만들게 된다.

이 뜻은 《암흑물질층》 내에 처음으로 《36궁(宮)》의 경계를 만들었다는 뜻이며

이로써 《36궁(宮) 내(內)》뿐만 아니라 현재의 우주

방향이 결정되는 노래를 하고 있는 것이다.

　정명궁(正明宮)과 진명궁(眞明宮)이 현재의 우주가 있기 전에 이미 36궁(宮)의 경계를 가지고 방향이 결정되었다는 뜻이다.

　이와 같은 36궁(宮)의 경계 내에서 정명궁(正明宮)이 《커블랙홀》 → 《태양수(太陽數) ⊕9의 핵(核)》 → 《화이트홀》 → 《퀘이샤》 → 《황금알 대일(大一)》의 과정을 거쳐 《황금알대일(黃金卵大一)》의 대폭발로 상천궁(上天宮)의 별(星)들이 태어나고

　진명궁(眞明宮) 역시 같은 과정을 겪고 대폭발을 함으로써 현재의 북극성(北極星)과 북두칠성(北斗七星)을 탄생시켜 《초기 우주》가 탄생된 것이다.

　정명궁(正明宮)과 진명궁(眞明宮)이 마련한 36궁(宮)의 경계에서 별(星)들이 모두 탄생된 후

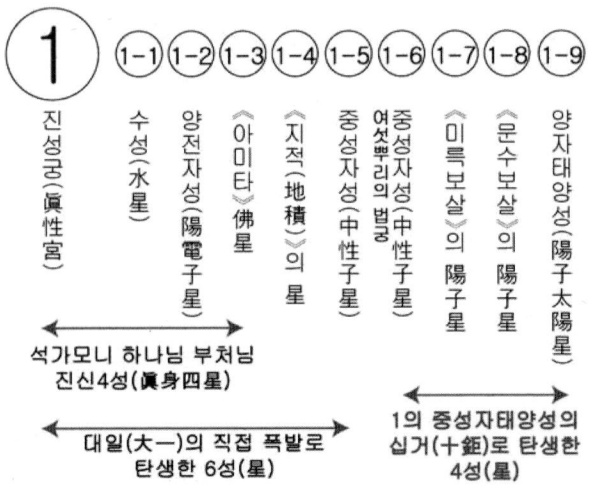

[그림] 상천궁(上天宮) 10성(星)

이를 바탕으로 천일우주(天一宇宙) 100의 궁(宮)이 탄생하며 현재의 북극성(北極星)을 중심하여 북두칠성(北斗七星)과 백조자리 성단이 있는 둥근 경계가 되는 것이다.

이러한 36궁(宮)의 경계가 현재의 우주가 탄생하

기 이전에 이미 정명궁(正明宮)과 진명궁(眞明宮)에 의해 만들어져 물질(物質)을 만들고 물질의 합성을 하고 36궁(宮)의 경계를 만들기까지가 100억 년(億年)이 소요된 것이다.[13]

이와 같은 진리(眞理)를 《석가모니 하나님 부처님》 명(命)에 의하여 필자가 7가지 법칙(法則)을 세워 수리(數理)의 계산으로 한 치의 오차 없이 현재의 우주가 만들어지는 단계를 필자의 저서(著書) 『(개정판) 妙法華(묘법화)의 실상(實相)의 법(法)』(2015)에 수록하여 두었다.

진리(眞理) 규명에 뜻을 가지신 분들은 이를 참고하시기 바라며

---

13)
미륵불(2018), (최종개정판) 三一神誥(삼일신고), 아나출판사.
미륵불(2016), (최종개정판) 정본(正本) 반야바라밀다심경(般若波羅蜜多心經), 아나출판사.
미륵불(2015), (개정판) 妙法華의 실상(實相)의 법(法), 아나출판사.

『우파니샤드』에서 노래되는 부분의 설명에 앞서 초기 우주 이전의 36궁(宮)의 개념을 인식하기 위해『(개정판) 妙法華(묘법화)의 실상(實相)의 법(法)』에 정리된 36궁(宮)의 도형이 있어서 이를 첨부하니 이를 참고하여 다음 설명을 드리겠다.

개천이전(開天以前) 음(陰)의 36궁(宮)

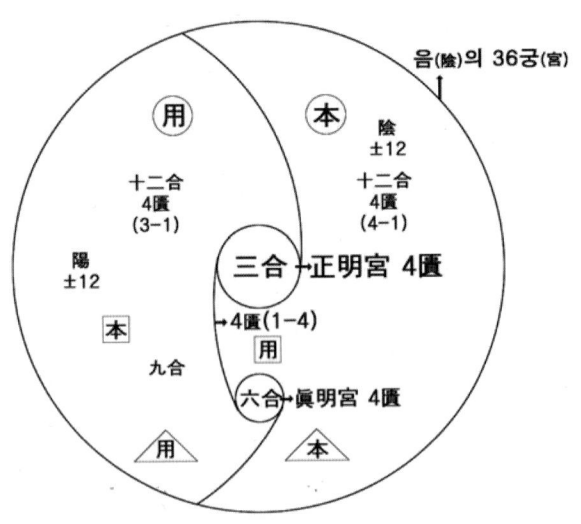

※ ±36궁(宮)과 바탕수 ±24의 합(合) ±60은 정명궁(正明宮)의 영역이 ±30이 되고 진명궁(眞明宮)의 영역이 ±30이 된다. 이의 상세한 설명은 『(개정판) 妙法華(묘법화)의 실상(實相)의 법(法)』(미륵불, 2015)의 십거일적수(十鉅一積數) 편을 참고하시기 바란다.

이집트 신화도(神話圖)에는 사람의 형상을 한 그림으로 단위 우주를 표현하는 경우를 종종 본다.

이때 출발점은 항상 발로부터 시작이 된다.

상기 『우파니샤드』 노래 내용 중 "동쪽은 그의 머리이며 북동과 남동쪽은 그의 팔이다. 서쪽은 그의 꼬리, 북서쪽과 남서쪽은 그의 두 다리"라는 내용에 있어서 '**동쪽에 있는 머리**'는 진행(進行) 방향을 뜻하는 말이며 '**서쪽은 그의 꼬리**'라는 대목은 출발점을 이야기하는 것이다.

즉, 서(西)에서 동(東)으로 진행(進行)하는 회전을 《시계 방향》의 회전으로써 이 길을 1-3-1의 길이라고 하는 것이다.

이러한 1-3-1의 길에 있어서 시작이 되는 '서쪽의 꼬리'가 1-3의 길이 되며 이로써 형성된 정명궁(正明宮)이 3-1의 길에 있게 된다.

이러한 정명궁(正明宮)으로부터 새로이 시작되는 1-3의 길과 반작용(反作用)에 의해 생긴 1-4의 길을 **'북서쪽과 남서쪽은 그의 두 다리'**라고 노래한 것이며,

정명궁(正明宮)의 분출에 의해 만들어진 진명궁(眞明宮)으로부터 시작이 되는 1-3의 길과 1-4의 길을 **'북동과 남동쪽은 그의 두 팔'**이라고 노래하고 있는 것이다.

그리고 진명궁(眞明宮)을 '동쪽은 그의 머리'라고 노래하고 있는 것이다.

이러한 뜻말을 정리하면 다음과 같이 된다.

> "정명궁(正明宮)은 그의 머리이며 정명궁(正明宮)으로부터 시작이 되는 두 갈래 길인 1-3, 1-4의 길은 그의 팔이며 서쪽은 정명궁(正明宮)으로 들어오는 1-3의 길이며 북서쪽과 남서쪽에 있는 1-3, 1-4의 길은 정명궁(正明宮)에서 외부로 뻗어 나가는 길로써 그의 두 다리가 된다."

라는 뜻말의 정리가 되는 것이다.

(3)

> "남쪽과 북쪽은 그의 측면이며
> 하늘(天)은 그의 뒷부분이다.
> 대공(大空)은 그의 배이며, 땅은 가슴이다."

36궁(宮) 도형의 양(陽)의 ±12가 있는 쪽을 상(上)으로 하여 도형을 보면, '**남쪽과 북쪽은 그의 측면이며**'라는 대목의 노래가 쉽게 이해되실 것이다.

"**하늘(天)은 그의 뒷부분이며**"라는 대목의 '하늘'은 법공(法空)의 법성(法性)이 진화기(進化期)가 시작이 되면서 수많은 진공(眞空) 뿌루사를 만들어 암흑물질층 내부로 분출한 후 적멸보궁(寂滅寶宮)으로 변화한다.

이러한 적멸보궁(寂滅寶宮)을 이 장에서는 하늘(天)

이라고 하며, 36궁(宮)이 이러한 적멸보궁(寂滅寶宮)이 감싸고 있는 법공(法空) 내부에 있기 때문에 36궁(宮)으로 봐서는 뒤쪽이 된다. 이러한 사항을 노래한 부분이 "하늘(天)은 그의 뒷부분이다"라고 노래하고 있는 것이다.

 이와 같은 36궁(宮)은 초기 우주를 담는 거대한 입체로써 비유하자면 축구공과 같은 것이다.

 이 때문에 입체의 공간(空間)을 "**대공(大空)은 그의 배**"라고 노래한 것이다.

 이와 같은 36궁(宮)의 경계에서 초기 우주가 만들어지게 되면 북두칠성(北斗七星)이 자리하는 부분이 가슴 부분으로써 이와 같은 북두칠성(北斗七星)이 천(天)·인(人)·지(地)의 우주 구분에서 지(地)의 우주에 해당이 된다. 이러한 뜻의 내용을 "**땅은 그의 가슴**"이라고 노래하고 있는 것이다.

(4)

> "쁘라자는 물 속에도 들어 있으니
> 이 모든 원리를 잘 아는 사람은
> 어디를 가든 확고히 서리라."

'쁘라자'를 진명궁(眞明宮)의 핵(核)으로서 《브라만(Brahman)》인 《석가모니 하나님 부처님》의 분신(分身)이다.

이러한 분신(分身)의 구성이 중간자(中間子)와 전자(電子)로써 구성이 되어 있다.

이와 같은 분신(分身)으로부터 비롯된 개체의 나뉨들이 물 속에도 있다고 노래한 대목이 **"쁘라자는 물속에도 들어 있으니"**라고 노래하고 있는 것이다.

[8] 『까타 우파니샤드(Katha Upanishad)』「제2부 제3장 1」

> "뿌리는 위쪽으로
> 가지는 아래쪽으로 향한
> 불멸의 보리수(菩提樹) 나무는
> 순수의 원천(源泉)이며
> 브라만(Brahman)이며
> 불멸(不滅)이라 부른다.
> 그 브라만에 모든 세상이
> 의지해 있으며
> 어느 누구도 그를 벗어날 수 없도다.
> 이것이야말로 진실로
> 그대가 찾는 것이다."

현존(現存) 우주 전체를 한 그루 보리수에 비유를 하고

그 뿌리가 있는 《상천궁(上天宮)》이 지금은 진화(進化)되어 진공(眞空)을 이루고 있는 모습을 《브라만(Brahman)》으로 노래하고 있다.

《상천궁(上天宮)》 모두는 《석가모니 하나님 부처님》의 화(化)이다.

때문에 진공(眞空)을 이루고 있는 《브라만(Brahman)》 역시 《석가모니 하나님 부처님》이시다.

이 대목의 《브라만(Brahman)》은 《상천궁(上天宮)》을 노래한 대목이다.

『금강경(金剛經)』에서 부처님께서 가르치시고자 하

는 《진공묘유(眞空妙有)》가 곧 《상천궁(上天宮)》을 가르치시고자 하는 뜻을 행자(行者)들께서는 바로 깨달으시기 바란다.

[9] 『까이 알리야 우파니샤드(Kaivalya Upanishad)』「제1장 8」

> "그는 브라흐마(Brahma)이며,
> 그는 쉬바(Shiva)이며,
> 그는 인드라(Indra)요,
> 그는 불멸(不滅)의 존재, 최상(最上)이며,
> 스스로 빛을 내는 그가
> 바로 비슈뉴(Vishnu)요,
> 그는 쁘라나(Prana)요
> 그가 시간이요 그가 불이요
> 그가 달(月)이로다."

《브라흐마(Brahma)》는 원천 창조주로서 《브라만(Brahman)》이신 《석가모니 하나님 부처님》으로부터 갈라져 나간 십거일적수(十鉅一積數)인 19수(數)를 가지신 《창조주 부처님》들을 말한다.

이러한 창조주 부처님들은 전체 우주에서 《36분(分)》밖에는 없다.

《쉬바(Shiva)》는 《대관세음보살》의 인도판 명칭이며 《인드라(Indra)》는 《노사나불(盧舍那佛)》의 명칭이다.

《비슈뉴(Vishnu)》는 석가모니 하나님 부처님 분신(分身)이신 《옥황상제(玉皇上帝)》님의 명칭이다.

이 뜻은 원천 창조주의 음신(陰身)이신 《위음왕여래》로부터 갈라져 나간 딸로서의 《대관세음보살》과 장자로서의 《노사나불(佛)》과 《석가모니 하나님 부처님 분신(分身)(橫)》으로서 《옥황상제님》으로 나뉘어지셨기 때문에 원천창조주의 음신(陰身)이신 《위음왕여래》로부터 갈라져 나간 대관세음보살이며 노사나불(佛)이며 《옥황상제님》이라고 노래한 대목인 것이다.

'그가 시간'이라는 대목은 시간(時間)은 태양성(太陽星)의 음양(陰陽)의 작용(作用)으로 잉태되는 것이기 때문에 《그가 태양성(太陽星)의 주인》이라는 뜻을 나타냄으로써 이들 모두가 《창조주 부처님》대열에 들어가는 분들이라는 뜻이다.

"그가 달이로다"라는 뜻은 석가모니 하나님 부처님의 법궁(法宮)은 모두가 중성자태양성(中性子太陽星)이다.

이러한 중성자태양성(中性子太陽星)을 달(月)이라고 하는 것이며 《원조 성(聖) 관음(觀音)》님 《법궁(法宮)》역시 《달(月)》로써 이야기하는 것이며,

'쁘라나(Prana)'는 《숨》으로 불리우는 진명(眞命)인 양전자(陽電子)를 뜻함으로써 《양전자(陽電子)》태양성(太陽星) 핵(核)을 가진 《노사나불》의 법궁(法宮)인 지금의 우리들 《태양성(太陽星)》을 뜻하는 것이다.

[10] 『마이뜨리 우파니샤드(Maitrayaniya Upanishad)』「제6장 4」

"……

세 발을 가진 브라만(Brahman)은
그 뿌리가 위로 향해 있으며
대공, 바람, 불, 물, 흙 등이
그 가지이다.
이 하나밖에 없는 보리수(菩提樹) 나무는
세상의 이름이요, 브라만이다.
그리고
그것은 태양(太陽)이라 불리우는 빛이며
또한 오움(Om)이라고 불리우는 빛이라.
그러므로
숨과 태양, 브라만의 표상(表象)과 함께

> 오움(Om)으로 경배하라."

"세 발을 가진 브라만"의 '세 발'은 《1-3의 길》과 《3-1의 길》과 《1-4의 길》 등 세 갈래 길을 이야기하는 것이다.

이러한 《세 갈래 길》이 《석가모니 하나님 부처님》의 표상이다.

이와 같이 '**세 발을 가진 브라만**'은 《석가모니 하나님 부처님》께서 진화를 주도하시는 《1-3-1의 길》에 있는 《정명궁(正明宮)》 성단(星團)들을 말하는 것이며,

"**그 뿌리가 위로 향해 있으며**"라는 대목은 《상천궁(上天宮)》을 표현한 내용이다.

"대공, 바람, 불, 물, 흙 등이 그 가지인 나무이다"라는 대목은 《상천궁(上天宮)》에 의지해 있는 《우주간(宇宙間)》의 모든 요소가 그 가지인 나무로써 현존 우주의 모두를 노래한 것이다.

"그 보리수 나무는 세상의 이름이요, 세상이 곧 브라만"이라는 뜻은 현존우주(現存宇宙) 자체가 《석가모니 하나님 부처님》의 육신(肉身)임을 노래한 대목이다.

"그 빛은 오움이요"의 '오움(Om)'은 진명광(眞命光)의 일어남을 뜻하는 것이다. 여기에서 무색투명하고 환한 밝음의 진명광(眞命光)을 뜻하고 있다.

이러한 《진명광(眞命光)》의 일어남을 법(法)의 일어남이라고 한다. 이 때문에 "법(法)의 일어남에 경배하라"는 뜻을 "**오움(Om)으로 경배하라**"고 하는 것이다.

[11] 『문다까 우파니샤드(Mundaka Upanishad)』
「제2장 제2편 9항」

> "어떤 갈라짐도 흠도 없는
> 초월한 공간에서
> 환하게 빛나는 빛은 브라만이다.
> 그것은 순수요 빛 중의 빛이다.
> 스스로 깨달음을 얻는 사람은
> 그가 곧 브라만(Brahman)이다."

상기 대목 역시 《상천궁(上天宮)》을 노래한 대목으로써 "깨달은 자 그가 곧 브라만(Brahman)이다"라는 대목에 대해 깊이 사고해 보시기 바란다.

[12] 『슈베따 슈바따라 우파니샤드(Shvetashvatara Upanishad)』「제3장 제1편」

> "세상의 창조와 파괴 때
> 홀로 존재하는 환영의 대가는
> 다양한 힘을 가진 자이며
> 측량할 수 없는
> 환영의 불가사의한 힘으로써
> 신성한 지배자로 나타나는 자이다.
> 그는 그것으로써 모든 세상을 보호하고
> 모든 일에 있어서
> 다양한 힘을 통제한다.
> 그것을 깨달은 자는
> 불멸(不滅)을 얻으리라."

'환영'은 대공(大空)을 바탕하는 《전자(電子)》의 작용을 이름한다. 이러한 작용이 일어나는 곳이 대공(大空)의 바탕이다.

이러한 작용이 일어나는 대공(大空) 자체가 《석가모니 하나님 부처님》 육신(肉身)이다.

이와 같은 대공(大空)의 주인인 《석가모니 하나님 부처님》을 "**측량할 수 없는 환영의 불가사의한 힘으로써 신성한 지배자로 나타나는 자이다**"라고 노래하고 있는 것이다.

브라만(Brahman)은 이러한 전자(電子)로써 대공(大空)의 바탕이 되는 것을 "**그는 그것으로써 모든 세상을 보호하고 모든 일에 있어서 다양한 힘을 통제한다**"고 노래하고 있는 것이다.

[13] 『까타 우파니샤드(Katha Upanishad)』「제2부 제1장 6, 7」

6.
"지혜의 동굴 속으로 들어가서 그곳에 머물며 황금알대일을 깨달은 사람은 그가 진정으로 브라만을 깨달은 자이다. 이것이야말로 그가 진실로 추구하는 바이다."

7.
"지혜의 동굴 속으로 들어가서 그곳에 머물러 물질의 구성요소들과 함께 명백해진 모든 신(神)들을 포함하는 쁘라나(숨)로부터 태어난 아디띠(Aditi)를 깨달은

> 사람은 그가 진정으로 브라만(Brahman)을 깨달은 자이다. 이것이야말로 그가 진실로 추구하는 바이다."

깊은 삼매(三昧)로써 마음(心)의 근본 뿌리인 《성(性)》에 머물러 《공(空)》의 상태에 돌입한 후

은하성단들의 중심을 이루는 《천궁(天宮)》의 변화상이 《커블랙홀》 → 《태양수(太陽數) ⊕9의 핵(核)》 → 《화이트홀》 → 《퀘이샤》의 과정을 거쳐 《황금알 대일(大一)》을 이루는 것을 "**깨달은 사람이 진정으로 브라만을 깨달은 사람이며**"

이로써 물질의 구성요소와 전자(電子)를 포함한 양전자(陽電子)로 인하여 《진명궁(眞明宮)》이 태어나게 되는 이치를 노래하고 있는 것이다.

'지혜의 동굴'은 마음(心)의 근본 뿌리인 《성(性)》을 뜻하는 것이며 《황금알 대일(大一)》은 천궁(天宮) 진화(進化)의 마지막 단계를 이야기하는 것이다.

'모든 《신(神)》'은 《전자(電子)》의 무리를 비유한 것이며 '《쁘라나(Prana)》'는 날숨(出息)과 들숨(入息)을 주관하는 《양전자(陽電子)》를 이야기하는 것이다.

'《아디띠》'는 우주 탄생 이전에 정명궁(正明宮)과 짝을 하는 진명궁(眞明宮)[14]을 이야기하는 것이다. 이러한 뜻을 알아야 쉽게 이해되는 내용이 되는 것이다.

---

14) 미륵불(2019), (최종개정판) 三一神誥(삼일신고), 아나출판사.
미륵불(2016), (최종개정판) 정본(正本) 반야바라밀다심경(般若波羅蜜多心經), 아나출판사.
미륵불(2015), (개정판) 妙法華의 실상(實相)의 법(法), 아나출판사.

[14] 『브리하다란야까 우파니샤드(Brihadaranyaka Upanishad)』「제5장 제15편 1」

> "브라만(Brahman)의 모습은
> 금빛 뒤에 숨겨져 있으니
> 오!
> 세상의 모든 것을 자라게 하는 이여
> 참된 진리(眞理)의 길을 가려는 내가
> 브라만을 볼 수 있도록 하여 주소서.
> 오! 태양(太陽)이여
> 오!
> 오로지 옳은 한 길만 가는 나그네여
> 오! 야마(Yama)여
> 오!
> 최초의 창조주(쁘라자 빠디)의 아들이여

그대의 눈부신 햇살을 걷어
그 찬란한 빛을 보게 해 주오.
나는 그대로부터
깊은 자비를 보았노라.
나는 참된 진리(眞理)를 깨달았도다.
내 숨이 끊어질 때
내 생명의 힘은
우주의 힘으로 돌아가고
이 육신(肉身) 또한 한 줌의 재가 되어
흙으로 돌아가리라.
오! 오움(Om)의 빛이여
오! 내가 한 일을 기억하라.
내가 말한 모든 것을 명심하라.
오! 내가 한 일을 기억하라.
내가 말한 모든 것을 명심하라.
오! 불의 신(神) 아그니(Agni)여

> 우리들이 풍요로운 쪽으로
> 선업(善業)을 닦으며 갈 수 있도록
> 이끌어 주오.
> 오! 신(神)이시여
> 우리들의 모든 행위를 아는 그대여
> 사악한 죄를
> 우리로부터 멀리 가게 해 주오.
> 그대를 위해 수없이 경배하오."

《석가모니 하나님 부처님》의 상징색(色, color)이 《백색(白色, white)》이다.

이러한 백색(白色)도 음양(陰陽)으로 결합된 상태에 있기 때문에 이를 분리하면, 《음(陰)의 백색(白色)》이 환한 밝은 빛이 되며 《양(陽)의 백색(白色)》이 옥돌

색 흰빛을 말한다.

 이렇게 분리된 백색(白色) 중 《음(陰)의 백색(白色)》인 《환한 밝은 빛》을 "**브라만(Brahman)의 모습은 금빛 뒤에 숨겨져 있으며**"라고 노래하고 있는 것이다.

 서기 2000년 이전까지를 우리들 태양계(太陽界)가 소속하여 있던 우주를 《지이삼(地二三) 우주》라고 한다.

 이러한 지이삼(地二三) 우주를 34천(天)으로 구분하는데, 지이삼(地二三) 우주 중심을 이루고 있는 천궁(天宮)을 『화엄경(華嚴經)』에서는 《야마 천궁(天宮)》이라고 한다.

 이러한 《야마 천궁(天宮)》이 34천(天)으로써 노사

나불(佛)의 육신불(肉身佛)이신 《아촉불(佛)》께서 좌정하고 계시는 천궁(天宮)이며 바로 밑의 33천(天)이 《도리천》이 된다.

이와 같은 《도리천》으로부터 우리들 태양계(太陽界)가 인접한 곳까지를 33등분한 것을 33천(天)이라 한다.

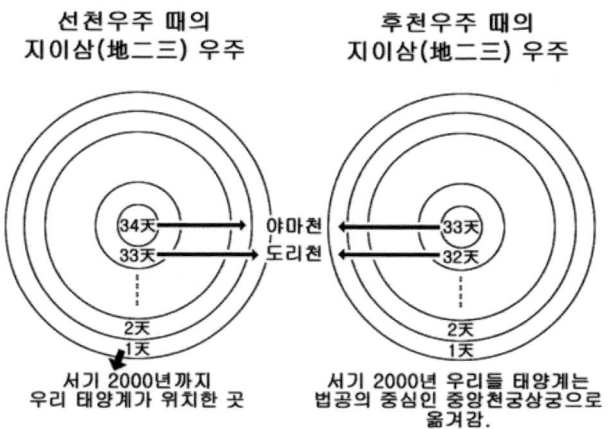

이와 같은 《야마 천궁(天宮)》을 "오! 야마여"라고 노래하고 있는 것이다.

《노사나불(佛)》께서는 《석가모니 하나님 부처님》 음신(陰身)이신 《위음왕여래(威陰王如來)》의 우주적 아들이시다.

이러한 장면을 "오! **최초의 창조주(쁘라자 빠디)의 아들이여**"라고 노래한 것이다.

현재의 우주가 태어나기 이전의 정명궁(正明宮)과 짝을 하던 진명궁(眞明宮)을 《아디띠야 태양》이라고 한다.

이러한 《아디띠야 태양》의 대폭발로 태어난 것이 현재의 《북극성(北極星)》과 《북두칠성(北斗七星)》이다.

이와 같은 현재의 《북극성(北極星)》의 탈겁(脫劫)으로 태어난 태양성(太陽星)이 현재의 우리들 《태양성(太陽星)》으로써 이를 《수리야 태양성(太陽星)》이라 한다.

 이와 같은 《수리야 태양성(太陽星)》을 "오! 태양이여"라고 노래하고 있는 것이다.

 《석가모니 하나님 부처님》의 상징인 《음양(陰陽)》 합일을 이룬 《백색광(白色光)》을 《석명광(釋明光)》이라고 한다.

 이러한 석명광(釋明光)이 음양(陰陽) 분리되어 진공(眞空) 뿌루사를 이룬 후 《암흑물질》과 첫 삼합(三合)을 하여 태어난 광(光)이 진성광(眞性光)과 진명광(眞命光)이 양음(陽陰) 짝을 한 광(光)으로써

이를 분리한 진명광(眞命光)을 "오! 오움(Om)의 빛이

여"라고 노래하고 있는 것이다.

 불(火)꽃은 중성자(中性子)와 양자(陽子)가 음양(陰陽) 결합한 가운데에 나오는 것으로 불(火)의 음(陰)의 부분이 붉그스레한 불꽃이 되며 양(陽)의 부분이 빛의 알갱이가 된다.

 이러한 불(火)의 음(陰)의 부분인 《불꽃》을 "오! 불의 신(神) 아그니(Agni)여"라고 노래하고 있으며 노사나불(佛)이신 《인드라 신(神)》을 "오! 신(神)이시여"라고 노래하고 있는 것이다.

 상기 노래되는 『우파니샤드』는 진명궁(眞明宮) 황금알대일(黃金卵大一)의 폭발로 태어난 태양성(太陽星)이 몸(身)을 둘로 나누어 한쪽은 현재의 북극성(北極星)이 되고 다른 한쪽은 북두칠성(北斗七星) 첫 번째 별로 자리하여 현재(現在)의 북극성(北極星)은 《일월등명불(日月燈明佛)》의 법궁(法宮)이 되고 나머지 한쪽은 《노사나불(盧舍那佛)》의 법궁(法宮)이 된다.

한 분의 부처님 법궁(法宮)이 나누어지는 관계상 방편으로 호(號)를 한 것이기 때문에 일월등명불(佛)과 노사나불(佛)은 쌍둥이로 태어나신 것이다.

이와 같은 현재의 북극성(北極星)이 태양성(太陽星)이며 현재의 북극성(北極星)의 탈겁(脫劫)으로 태어난 지일(地一)의 노사나불(佛) 태양선(太陽船)에서 훗날 잉태된 태양성(太陽星)이 지금 우리들의 태양성(太陽星)이다.

이러한 노사나불(佛)이 만드신 법궁(法宮)인 태양성(太陽星)에 대하여 노래된 것이다.

[15] 『브리하다란야까 우파니샤드(Brihadaranyaka Upanishad)』「제2장 제2편 3」

> "그런고로 이런 구절이 있다.
> 사발이 하나 있는데
> 그 입구는 아래로 향해 있고
> 그 바닥은 제일 윗부분에 있다.
> 그 안에는
> 수없이 많은 지식이 담겨 있으며
> 일곱 명의 성자들이
> 나란히 그 가장자리에 앉았으며
> 목소리가
> 베다(Vedas)와 의사소통을 위해서
> 여덟 번째로 자리하였다."

상기 대목의 노래는 먼저 번 강의에서 설명된 《정명궁(正明宮)과 진명궁(眞明宮)》이 현재의 우주 탄생 이전에 만든 음(陰)의 36궁(宮) 경계에서 정명궁(正明宮)이 《황금알대일(黃金卵大一)》의 과정을 겪고 대폭발을 일으킴으로써 《상천궁(上天宮) 10성(星)》이 탄생된 것이 현재의 우주 시작이 되고

뒤따라 진명궁(眞明宮)의 폭발로 현재의 북극성(北極星)과 북두칠성(北斗七星)을 이룬 이후 상천궁(上天宮) 10성(星)의 물질 분출로 이들의 상호작용(相互作用)에 의해 천일우주(天一宇宙) 100의 궁(宮)이 양(陽)의 36궁(宮)을 바탕으로 하여 만들어진다.

이러한 천일우주(天一宇宙) 100의 궁(宮)이 현재의 북극성(北極星)을 중심하여 북두칠성(北斗七星)[15]과 백조자리 성단이 있는 곳까지를 둥근 원(圓)으로 하였을 때의 경계가 된다.

---

15) 북두칠성을 자미궁이라고도 한다.

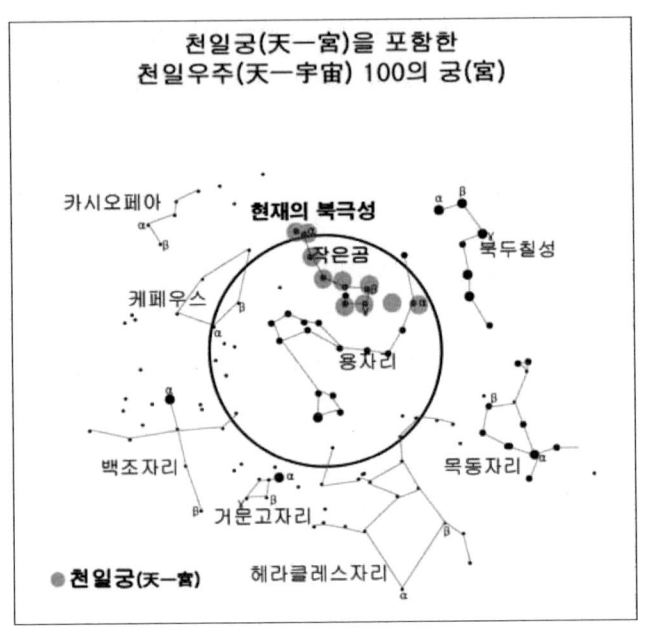

 이러한 《천일우주(天一宇宙) 100의 궁(宮)》을 《사발》에 비유하여 노래한 대목으로써 《사발》의 입구가 있는 쪽이 새로운 우주들이 만들어지는 쪽이 되는 것이다.

천일우주(天一宇宙) 100의 궁(宮)이 모두 탄생되기 이전은 《36궁(宮)》의 바탕은 《전자(電子)》들로 되어 있고 그러한 바탕 가운데 개체의 양자군(陽子群)들이 상천궁(上天宮) 물질 분출에 의해 수없이 널려 있는 것을 《지식》이라고 이름하고

《상천궁(上天宮)》과 음양(陰陽) 짝을 한 《천일궁(天一宮) 10의 궁(宮)》[16]이 《선천우주(先天宇宙)》의 《하늘(天)》임을 비유로써 "**그 안에는 수없이 많은 지식이 담겨 있으며**"라고 노래한 것이다.

천일우주(天一宇宙) 100의 궁(宮) 가장자리에 북두칠성(北斗七星)이 자리하고 있는 모습을 "**일곱 명의 성자들이 나란히 그 가장자리에 앉아 있으며**"라고 노래한 것이다.

다음으로 《천일우주(天一宇宙) 100의 궁(宮)》 바로 아래에 있는 우주가 《천일일(天一一) 우주》이다.

---

16) 천일궁(天一宮)을 자금성이라고도 한다.

이러한 천일일(天一一) 우주[17]가 지금의 별(星)자리 이름으로는 《오리온좌 성단》이 된다. 이와 같은 오리온좌 성단에는 지금도 《석가모니 하나님 부처님》의 법왕궁(法王宮)이 있는 곳이다.

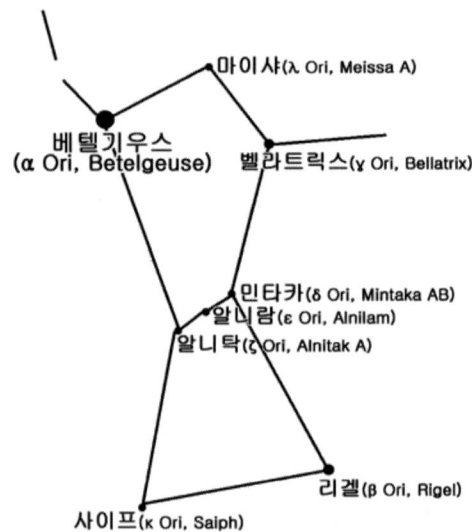

오리온 별자리 성단

---

17) 미륵불(2018), (최종개정판) 天符經(천부경), 아나출판사 등.

이와 같이 전체 현존하는 우주를 거대한 《석가모니 하나님 부처님》 인간 모습으로 비유하는 대인형상(大人形像)의 비유에서 《천일일(天一一) 우주》가 《목소리》가 나오는 인간의 목에 해당이 된다.

 이러한 《목》에서 나오는 《목소리》가 《베다(Vedas)》와 의사소통을 한다는 뜻은 《베다(Vedas)》는 《천(天)·지(地) 창조의 진리(眞理)》가 담겨 있는 경(經)으로

이 뜻은 《천일일(天一一) 우주에 계시는 《석가모니 하나님 부처님》께서 천(天)·지(地) 창조의 진리(眞理)를 주관하신다》는 뜻으로써 이를 "**목소리가 베다와 의사소통을 위하여 여덟 번째로 자리하였다**"라고 노래하고 있는 것이다.

 이와 같은 《천일일(天一一) 우주》로부터 이동하여 온 핵(核)이 훗날 《8의 우주》를 이루고 《중앙천궁상궁(中央天宮上宮)》[18]을 이루는 것이다.

---

18) 미륵불(2016), (최종개정판)정본(正本) 반야바라밀다심경,

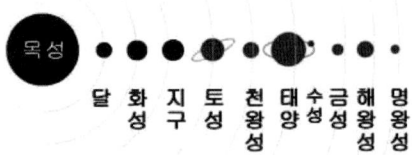

중앙천궁상궁 운행

"사발이 하나 있는데 그 입구는 아래로 향해 있고 그 바닥은 제일 윗부분에 있다"에서 아래로 향해 있는 입구는 우주 북쪽에 자리한 《천일우주(天一宇宙) 100의 궁(宮)》을 비유한 것이며, '그 바닥은 제일 윗 부분에 있다'는 것은 《천일궁(天一宮) 10의 궁(宮)》을 비유로써 설명한 것이다.

"그 안에는 수없이 많은 종류의 지식을 담았다"

아나출판사, 493쪽 등.

고 한 것은 《천일궁(天一宮) 10의 궁(宮)》이 《상천궁(上天宮)》과 《양음(陽陰)》 짝을 한 《선천우주(先天宇宙)》《양(陽)》의 《하늘(天)》임을 비유로써 설명한 내용이 된다.[19]

"일곱 명의 성자들이 나란히 그 가장자리에 앉았다"고 한 것은 《북두칠성》을 말하는 것이다. 그 뜻은 참으로 슬기로운 자들이다.

"목소리가 베다와 소통을 위하여 여덟 번째로 자리하였다"는 것은 목소리를 내는 기관이 여덟 번째로 자리하여 그 하는 일이 베다와의 소통이라는 것이다.

---

19)
미륵불(2016), (최종개정판) 정본(正本) 반야바라밀다심경, 아나출판사
미륵불(2018), (최종개정판) 天符經(천부경), 아나출판사.
미륵불(2019), (최종개정판) 三一神誥(삼일신고),아나출판사 등.
http://brahmanedu.org/hanguk/books/heart.html
http://brahmanedu.org/hanguk/books/samilsingo/books_samilsingo_vods.html

이 대목의 노래는 《천일우주(天一宇宙) 100의 궁(宮)》을 《대인형상(大人形像)》[20]의 머리에 비유를 하고 다음으로 《천일일(天一一) 우주》를 《목》에 비유하여 설명한 대목이다.

이러한 비유에 있어서 《상천궁(上天宮)》[21]은 머리 위의 상투로써 비유를 한다.

"그 안에 수없이 많은 종류의 지식을 담았다"고 한 것은 《천일궁(天一宮) 10의 궁(宮)》을 말한 것이다.

"그 지식들은 수없이 많은 감각을 통한 지식을

---

20) [上天宮(상천궁)]
미륵불(2016), (최종개정판)정본(正本) 반야바라밀다심경, 아나출판사, 489쪽, 491쪽 등.
미륵불(2019), (최종개정판)삼일신고, 아나출판사 등.
미륵불(2015), 진실된 세계의 역사와 종교 上, 아나출판사등.
21) [대인형상(大人形像)]
미륵불(2015), 진실된 세계의 역사와 종교 上, 아나출판사 등.

말하는 것이다"라는 대목의 '지식'은《개체의 양자군(陽子群)》들을 노래한 것이며 '감각'은《전자군(電子群)》들을 노래한 것이다.

이러한 뜻을 감안하여 상기 노래된 대목을 재구성하면 다음과 같은 뜻의 노래가 된다.

> "《천일우주(天一宇宙) 100의 궁(宮)》안에 수없이 많은 종류의 양자군(陽子群)들로 이루어진 별(星)들의 세계가 있으며 그 바탕은《전자군(電子群)》들로 이루어져 있음을 나타냄으로써
>
> 천일우주(天一宇宙)의 바탕이 전자(電子)이며 그 바탕 가운데 별(星)들과 양자군(陽子群)들을 담았다"

고 노래한 대목이다.

이와 같은 천일우주(天一宇宙)에서 뿌려진 개체의 양자(陽子)들이 인간들의 씨종자가 되어 진화(進化)하여 오늘날 지구(地球) 땅 인간들로 오게 되었음을 은연 중 노래하고 있는 대목이 된다.[22]

대인형상(大人形像) 비유에 있어서 안(眼), 이(耳), 비(鼻), 설(舌), 신(身), 의(意), 입(口) 등 일곱 기관을 북두칠성(北斗七星)에 비유한 대목이 **"일곱 명의 성자들이 나란히 그 가장자리에 앉았으며"**라고 한 것이다. 그 뜻이 "참으로 슬기로운 자들이다"라고 노래한 것이다.

《석가모니 하나님 부처님》께서는 안(眼), 이(耳), 비(鼻), 설(舌), 신(身), 의(意)로 묶어 이를 《육근(六根)》이라고 말씀을 하신다.

---

22)
미륵불(2016), (최종개정판) 정본(正本) 반야바라밀다심경, 아나출판사
미륵불(2015), 미륵불과 메시아, 아나출판사 등.

이러한 육근(六根)은 인간 마음(心)의 근본 뿌리인 성(性)의 30궁(宮)이 거느리는《속성(屬性)》이 다스리는 육신(肉身)의 명(命)인 전자영(電子靈)들이 각각 이들 감각기관들을 다스리고 있다.[23]

　이러한 육신(肉身)의《명(命)》인《전자영(電子靈) 6》을 북두칠성(北斗七星)을 법궁(法宮)으로 한 일곱 성자에게 비유한 데는 속 깊은 뜻이 있다.

　《전자(電子)》도 대공(大空)을 바탕하는 전자(電子)가 있으며《성(性)의 명(命)》으로 작용하는 전자(電子)와 육신(肉身)의 명(命)으로 작용하는 전자(電子)가 있으며,

---

23)
미륵불(2019), (최종개정판) 三一神誥(삼일신고), 아나출판사
미륵불(2018), 묘법화경·해설 시리즈(전5권), 아나출판사
미륵불(2016), (최종개정판) 정본(正本) 반야바라밀다심경, 아나출판사
미륵불(2015), 미륵불과 메시아, 아나출판사
미륵불(2015), (개정판) 대승보살도 기초교리, 아나출판사
미륵불(2015), (개정판) 불교기초교리 핵심 81강, 아나출판사
　　　　등.

북두칠성(北斗七星)이 만들어질 때 대공(大空)의 바탕을 하였던 전자(電子)와 지상(地上)에서 며칠 전에 만들어진 전자(電子)는 같은 전자(電子)일망정 진화(進化)에 의한 《혜(慧)》의 축적도인 정보량(情報量)이 각각 틀리기 때문에 그 작용 범위가 각각 틀리게 되는 것이다.

즉, 이 뜻은 전자(電子)도 진화(進化)를 하며 진화(進化)된 전자(電子)가 진화(進化)가 덜된 전자(電子)를 하인(下人)을 거느리듯 한다는 사실이다.

만물(萬物)은 각각 개체수가 다른 성(性)을 가지고 있다.

이러한 만물(萬物)의 성(性) 중에서도 진화된 성(性)이 인간들의 마음(心)의 근본 뿌리인 《성(性)의 30궁(宮)》이다.

이와 같은 인간들의 진화(進化)된 《성(性)》과 작용을 하는 육신(肉身)의 《명(命)》인 《전자(電子) 6》도 진화된 전자(電子)로써

이들이 모두 《천일우주(天一宇宙)》로부터 비롯되었음을 알리는 노래이며

이러한 《전자영(電子靈) 6》을 담당하시는 부처님들이 《칠성 부처님》이라는 뜻도 함께 알리고 있는 노래이다.

인간 마음(心)의 근본 뿌리인 《성(性)의 30궁(宮)》은 《양자영(陽子靈) 18》을 중심으로 회전하는 《양자영(陽子靈) 6》과 《전자영(電子靈) 6》이 《6×6 구조》로 생령체(生靈體)를 이루고 있다.

이와 같은 《성(性)의 30궁(宮)》에 있어서 《양자영(陽子靈) 18》을 《영(靈)》이라고 하며

《양자영(陽子靈) 6》과 명(命)인 《전자영(電子靈) 6》이 《양음(陽陰)》 짝을 하고 있는 것을 《영(靈)》의 몸인 《영신(靈身)》이라고 한다.

이러한 《영신(靈身)》이 《속성(屬性)》을 거느리며 이와 같은 《속성(屬性)》이 육신(肉身)의 명(命)인 《전자영(電子靈) 6》을 다시 거느리는 것이다.

지상(地上)으로 인간들이 육신(肉身)을 가지고 태어나는 목적이 바로 《영(靈)과 영신(靈身)》의 진화(進化)를 위해서이다.

이 목적을 달성하는 것의 첫 번째가 《영신(靈身)》을 《맑게》 하고 《영(靈)》을 《밝게》 하는 일이다.

이러한 목적 달성을 위해 《영신(靈身)》을 《맑게》 하는 방법 중 최고가 《석가모니 하나님 부처님》께

깊이 참회[24]함으로써 깨끗이 씻기움을 받는 것이 중요한 것이다.

그리고 〈**목소리가 베다와 소통을 위하여 여덟 번째로 자리한 것**〉은 목소리를 내는 기관이 여덟 번째로 자리하여 그 하는 일이 베다(Vedas)와의 소통이라는 것이다.

대인형상(大人形像)의 비유에서《목》에 해당하는 부분이《천일일(天——) 우주》로써《석가모니 하나님 부처님》의 대법왕궁(大法王宮)이 있는《오리온좌 성단》임을 전편에서 밝혀 드리고『베다(Vedas)』가《천(天)·지(地) 창조》의 진리(眞理)가 담겨 있는《경(經)》이라고 밝혀 드렸다.

이러한 뜻을 감안하여 보면, '목소리를 내는 기

---

24) http://brahmanedu.org/hanguk/materials/summary/90.html

관'은 《석가모니 하나님 부처님의 법왕궁(法王宮)》을 비유로써 노래한 뜻이 되며

『베다(Vedas)』는 《천(天)·지(地) 창조》의 의미가 있으므로 이 뜻을 감안한 상기 대목의 뜻의 해설은 다음과 같은 내용이 된다.

> "〈천일일(天一一) 우주가 천(天)·지(地) 창조를 위하여 여덟 번째에 자리한 것〉은 석가모니 하나님 부처님의 법왕궁(法王宮)이 <u>여덟 번째 자리하여</u> 그 하는 일이 <u>천(天)·지(地)</u> 창조라는 것이다."

라는 뜻의 노래가 되는 것이다.

《8의 우주》인 《중앙천궁상궁(中央天宮上宮)》의 축이 《상천궁(上天宮)》으로부터 출발하여 천일일(天一一) 우주에서 《석가모니 하나님 부처님의 법왕궁(法王宮)》을 만들고 다시 출발하여 《중앙천궁상궁(中央天宮上

宮)》을 이루시게 되는 것이다.

 이러한 뜻이 담겨 있는 노래가 "**여덟 번째 자리한 것은**"이라고 노래한 참뜻이 되는 것이다.

[16] 『찬도기야 우파니샤드(Chandogya Upanishad)』「제3장 제15편 1」

> "궤(匱)는
> 공허한 대공(大空)과
> 곡선 모양의 땅(地)을 담고 있다.
> 그것은 절대 닳아 없어지지 않는다.
> 사방은 그 몸의 구석구석이요
> 천상(天上)은 그의 뚫린 윗 뚜껑이다.
> 잘 알려진 바와 같이
> 궤 속에는
> 풍부한 암흑물질이 들어 있다.
> 모든 것이 그 안에서 쉬고 있다"

《궤(匱)》를 장(藏)이라고도 하며 《시간(時間)의 벽》

을 이야기한다.

육각(六角)의 입체(立體)로써 궤짝 또는 사과상자와 같은 뜻을 가지고 있다.

즉, 이의 본질적인 뜻은《암흑물질》과《진공(眞空)》뿌루샤가 혼재된 층에 있어서《진공(眞空)》뿌루샤가《암흑물질》과《음양(陰陽)》짝을 하여 바탕과 경계를 한 층과 순수《암흑물질층》과 경계를 지운 영역은 서로 다른 차이를 보인다.

즉, 진공(眞空) 뿌루샤와《암흑물질》이《음양(陰陽)》짝을 한 바탕과 경계 내(內)에는 시간(時間)이 존재하게 되나 순수 암흑물질층에는 시간(時間)이 존재를 하지 않는다.

이 때문에 이의 경계를《시간(時間)의 벽》이라고

하는 것이다.

　이와 같은 《궤(匱)》가 제일 처음 생겼을 때가 법공(法空)의 암흑물질층 내부(內部)에 있어서 법공(法空) 크기의 40%되는 암흑물질층으로 법공(法空)의 외곽에 자리하였던 법성(法性)으로부터 새로운 진화기(進化期)가 시작이 되면서 파동(波動)에 의해 진공(眞空) 뿌루샤로 변한 《세제일법(世第一法) 진공(眞空)》과 《여섯 뿌리 진공(眞空)》이 분출이 됨으로써

현재의 우주가 탄생되기 이전에 정명궁(正明宮)과 진명궁(眞明宮)이 탄생하여 암흑물질층 40% 내에서 음(陰)의 36궁(宮) 경계를 형성하였음을 강의를 통해 충분히 설명을 드렸다.[25]

---

25)
미륵불(2019), (최종개정판) 三一神誥(삼일신고), 아나출판사.
미륵불(2018), (최종개정판) 天符經(천부경), 아나출판사.
미륵불(2016), (최종개정판) 정본(正本) 반야바라밀다심경(般若波羅蜜多心經), 아나출판사, 157쪽, 469쪽~474쪽 등.
미륵불(2015), (개정판) 妙法華의 실상(實相)의 법(法), 아나출판사.

이러한 음(陰)의 36궁(宮) 경계가 생겼을 때가 《개천이전(開天以前)》이 된다.

이후 음(陰)의 36궁(宮) 내부에서 정명궁(正明宮)이 《황금알대일(黃金卵大一)》의 과정을 겪고 대폭발을 일으킴으로써 현재의 우주가 탄생되면서 《상천궁(上天宮)》이 태어난다.

이후 《상천궁(上天宮)》이 1차 완성을 이루었을 때 진명궁(眞明宮)이 대폭발을 일으켜 현재의 북극성(北極星)과 《북두칠성(北斗七星)》 중 《알파성(星)》을 탄생시키게 된다.

이렇듯 정명궁(正明宮)과 진명궁(眞明宮)이 대폭발을 할 때 진공(眞空) 뿌루샤들이 사방으로 흩어져 《암흑물질》과 혼재되면서 새로운 바탕과 경계를 순수 《암흑물질층》과 경계 지우게 된다.

이러한 경계 내에서 초기 우주인 《천일우주(天一宇宙) 100의 궁(宮)》이 만들어지는 것이다.

이렇듯 정명궁(正明宮)과 진명궁(眞明宮)이 《개천이전(開天以前)》《음(陰)의 36궁(宮)》경계를 설정하였을 때를 1차 팽창으로써 《무궤화일(無匱化一)》이라고 하는 것이다.

이러한 《무궤화일(無匱化一)》의 바탕에서 《정명궁(正明宮)》과 《진명궁(眞明宮)》 폭발에 의해 《상천궁(上天宮)》이 만들어지고 현재의 《북극성(北極星)과 북두칠성(北斗七星)》 중 《노사나불(佛)》 진신 3성(眞身三星)인 《큰곰자리 알파성(α星)과 베타성(β星)과 감마성(γ星)》이 탄생된 직후 《시간의 벽》이 쪼개지는 일이 일어난 것이다.

이러한 《시간(時間)의 벽》이 쪼개지는 원인(原因)이 정명궁(正明宮)과 진명궁(眞明宮)이 《황금알대일(黃金卵

大一)》의 과정을 겪고 대폭발을 일으킴으로써 새로운 바탕과 경계가 설정이 되고,

그 바탕에서 별들이 탄생하게 됨으로 질량(質量)에 변화가 생겨 《음(陰)의 36궁(宮)》 내(內)에는 《전자(電子)》를 바탕으로 한 《별(星)》들의 세계만 존재하게 됨으로써 《암흑물질》이 소진이 된 것이다.

이로써 《대공(大空)》 전체의 암흑물질층이 찢어지는 굉음을 내면서 《무궤화이(無匱化二)》의 바탕과 경계가 새로이 설정이 됨으로써 새로운 《암흑물질》이 유입이 되어 《무궤화이(無匱化二)》의 바탕이 된 것이다.

『정본(正本) 반야바라밀다심경(般若波羅蜜多心經)』(미륵불, 2016)에서 《석가모니 하나님 부처님》께서 밝혀 놓았듯이 "법공(法空)은 태어나거나 사라지는 것도 아니며(不生不滅) 더러워지거나 깨끗해지는 것도 아니며(不垢不淨) 늘어나거나 줄어드는 것도 아니니라

(不增不減)"라고 못을 박고 있다.

   그러나 《무궤화일(無匱化一)》의 바탕과 경계가 어찌하여 찢어지는 굉음을 내게 되었는가가 궁금한 사항이다.

   즉, 《개천이전(開天以前)》《정명궁(正明宮)》과 《진명궁(眞明宮)》 작용에 의해 만들어진 《음(陰)의 36궁(宮)》 내(內)의 《암흑물질》들이 《별(星)》들의 세계로 끌려나와 《상천궁(上天宮)》과 《북극성(北極星)》과 《큰곰자리(Ursa Major)》의 《노사나불(佛)》 진신삼성(眞身三星)으로 태어나서 《음(陰)의 36궁(宮)》 경계 내(內)는 이렇듯 만들어진 《별(星)》들과 그 바탕으로써 《전자(電子)》만 남게 된다.

   그러나 다음 진화를 위해 새로운 《암흑물질》층 바탕이 필요하기 때문에 《시간의 벽》이 쪼개지면서 《무궤화이(無匱化二)》의 팽창이 이루어지는 것이다.

이때의 장면을 현대과학에서는 개념상으로는 진리(眞理)와 차이가 있으나 《고무풍선 이론》으로 이를 설명하고 있다.

이때의 장면을 《이집트》『사자(死者)의 서(書)』에서는 위대한 수다쟁이(Great Cackler)[26]의 기록을 남기고 있는 것이다.

이후 천일우주(天一宇宙) 100의 궁(宮)과 《천일일(天一一) 우주》까지 확장된 《무궤화이(無匱化二)》의 바탕과 경계가 새로이 팽창하여 《무궤화삼(無匱化三)》이 마쳐짐으로써

선천우주(先天宇宙)와 후천우주(後天宇宙) 암흑물질층의 바탕과 경계가 결정되어 《선천우주》 진화기(進化期)의 진화(進化)의 대상인 대공(大空) 크기의 30% 영역을 확정 짓게 되는 것이다.

---

[26]
미륵불(2015), (개정판) 妙法華의 실상(實相)의 법(法), 아나출판사.
미륵불(2015), 진실된 세계의 역사와 종교 下, 아나출판사 등.

이렇게 확정된 경계를 《무궤화삼(無匱化三)》이라고 하는 것이다.

이렇듯 현재의 《선천우주(先天宇宙)》 팽창은 이러한 《무궤화삼(無匱化三)》을 끝으로 외부적인 팽창은 모두 끝난 것이며,

이 이후의 팽창은 《후천우주(後天宇宙)》의 《무궤화일(無匱化一)》, 《무궤화이(無匱化二)》, 《무궤화삼(無匱化三)》의 팽창으로 바탕과 경계가 결정이 되는 것이다.

이와 같은 법공(法空) 크기의 40%에 달하는 대공(大空)의 영역에는 아직도 대공(大空) 크기의 70%에 달하는 《암흑물질층》이 존재하며

이들은 《후천우주(後天宇宙)》에서 모두 《양(陽)의 별》들로 탄생될 것임을 《석가모니 하나님 부처님》께서는 밝히고 계시는 것이다.

이 때문에 대공(大空)의 바탕과 경계 내에서 《허공(虛空)》[27]이 존재하게 되는 것이며

이러한 《허공(虛空)》에서는 잠시도 쉴 틈이 없이 《석가모니 하나님 부처님》에 의해 꾸준히 《암흑물질》과 결합하여 조물이 이루어지고 있는 것이다.

《궤(匱)》[28]의 설명을 하면서 이의 분명한 인식을 위해 우주 팽창에 대해 중복 설명을 하게 되는 것이다.

이와 같은 《궤(匱)》를 어찌하여 입체적(立體的)인 육각(六角)의 사과상자로 비유를 하는가를 설명 드려야겠다.

---

27) 미륵불(2019), (최종개정판) 三一神誥(삼일신고), 아나출판사 등.
28) 미륵불(2018), (최종개정판) 天符經(천부경), 아나출판사.
미륵불(2015), (개정판) 妙法華의 실상(實相)의 법(法), 아나출판사.
미륵불(2015), 진실된 세계의 역사와 종교 下, 아나출판사 등.

천궁(天宮)의 변화상이 《커블랙홀》 → 《태양수(太陽數) ⊕9의 핵(核)》 → 《화이트홀》 → 《퀘이샤》 → 《황금알대일》이다.

이러한 《황금알 대일(大一)》을 《원(圓)》으로 이름하고 황금알대일(黃金卵大一)이 폭발(爆發)하여 사방(四方)으로 진공(眞空) 뿌루사들이 흩어지는 상태를 《방(方)》이라고 하며,

이와 같은 방(方)을 입체적으로 표현한 용어를 육각(六角)의 궤(匱)라고 이름하는 것이다.

그리고 《황금알 대일(大一)》의 폭발 이후 흩어졌던 물질이 별(星)을 이루고 인간들이 탄생하는 것을 각(角)이라고 한다.

이와 같은 원(圓), 방(方), 각(角)의 구분에서 사방(四方)으로 흩어진 방(方)의 형상을 궤(匱)라고 한 것

이다.

　대공(大空)의 경계 내에서 《황금알 대일(大一)》의 폭발은 태양성(太陽星)이 탄생될 때마다 일어난다.

　그러나 무궤화일(無匱化一), 무궤화이(無匱化二), 무궤화삼(無匱化三)의 《궤(匱)》의 설명에서 보듯이, 《궤(匱)》의 형성은 진성광(眞性光)과 진명광(眞命光)이 양음(陽陰) 짝을 하여 바탕도 되고 경계를 이루게 됨으로써 《석가모니 하나님 부처님》의 고유의 권한이 된다.

　이러한 경계와 바탕 가운데에서 천궁(天宮)의 변화상이 일어나는 점을 확실히 하는 것이다.

　이와 같이 진성광(眞性光)과 진명광(眞命光)이 양음(陽陰) 짝을 하여 바탕하고 경계한 가운데 대공(大空)

이 있게 되고 둥근 모양의 별(星)들이 있게 되는 것을 노래한 대목이 "궤(匱)는 공허한 대공(大空)과 곡선 모양의 땅을 담고 있다"라고 노래한 것이다.

대공(大空)의 경계는 진명광(眞命光)이 비유를 하자면 맑고 투명한 유리구슬처럼 바탕을 하는 대공(大空)을 둥글게 감쌈으로써 순수 암흑물질층과 경계를 지우게 된다.

이러한 진명광(眞命光)의 벽은 우주의 붕괴기까지는 절대 없어지지를 않는다.

이러한 장면을 노래한 대목이 "**그것은 절대 닳아 없어지지 않는다**"고 노래하고 있는 것이다.

"**사방은 그 몸의 구석구석이요**"라고 노래한 뜻은 《궤(匱)》를 형성하고 있는 대공(大空)의 경계 안의 대공(大空)이 바탕하는 곳을 《몸》으로 보고 노래한 대목이 된다.

　대인형상(大人形像) 비유에서 《상천궁(上天宮)》이 《상투》[29]로 비유됨을 말씀드렸다.

　이러한 비유를 "**천상은 그의 뚫린 윗 뚜껑이다**" 라고 노래한 대목이다.

　《궤(匱)》를 형성하고 있는 대공(大空)의 경계 내(內)에는 진성광(眞性光)과 진명광(眞命光)이 양음(陽陰) 짝을 한 후 다시 암흑물질과 음양(陰陽) 짝을 하여 자리하고 있다.

　이러한 것을 대공(大空)의 바탕이라고 하며 '태음

---

29)
미륵불(2015), 진실된 세계의 역사와 종교 上, 아나출판사 등.

수(太陰數) 6'이라고 한다.

　이러한 장면을 "잘 알려진 바와 같이 궤(匱) 속에는 풍부한 암흑물질이 들어 있다. 모든 것이 그 안에서 쉬고 있다"라고 노래하고 있는 것이다.

[17]『브리하다란야까 우파니샤드(Brihadaranyaka Upanishad)』「제3장 제8편 4」

> "야자발끼야(Yajnavalkya)는 말했다.
> 오! 가르기(Gargi)여
> 하늘 위에 땅 밑에
> 그리고 그들 둘 사이에 있는 것
> 그리고 과거, 현재, 미래의 시간이
> 바로 대공 속에 있다."

　상기 노래되고 있는『우파니샤드』는 포괄적 의미의 대공(大空)에 대해 노래하고 있는 것이다.

　이러한 대공(大空)의 경계가 법공(法空) 내부의 법

공(法空) 크기의 40%에 해당하는 부분이며 현존(現存)하는 우주의 경계가 됨을 바로 인식하시기 바란다.

[18] 『브리하다란야까 우파니샤드(Brihadaranyaka Upanishad)』「제1장 제4편 1」

"태초에 인간의 모습을 한
아뜨만이 있었다.
그가 주위를 둘러보니
자신 외의 다른 존재는 있지를 않았다.
그가 처음으로 내가 있다고 말했는데,
그런 까닭에
그는 아함(Aham, 나)으로 불리운다.
그러므로 오늘날 그를 지칭할 때
나라고 먼저 말한 다음에
다른 이름을 말하는 것이다.
그가 최초로 오래 전에
모든 죄를 불태워 버렸기 때문에

> 뿌루샤(Purusha)라 불리우도다.
> 이러한 진리(眞理)를 깨우친 자는
> 스스로가 원했던 것처럼
> 아뜨만과 같이
> 죄를 태울 수 있을 것이다.

 "아뜨만이 최초로 오래 전에 모든 죄를 불태워 버렸기 때문에 뿌루샤(Purusha)라 불리우도다"라고 노래되기 때문에 뿌루샤를 진공(眞空) 뿌루샤라고 이름한 것이다.

 이러한 진공(眞空) 뿌루샤가 양음(陽陰) 짝을 한 진성광(眞性光)과 진명광(眞命光)을 《브라만(Brahman)》이라고 하며,

이러한 《브라만》보다 한 단계 덜 진화(進化)된 삼진

(三眞)인 진성(眞性), 진명(眞命), 진정(眞精)인 반중성자
(反中性子), 양전자(陽電子), 중성자(中性子)를 《아뜨만》
이라고 하는 것이다.

 즉,《석가모니 하나님 부처님》의 양신(陽身)이《암
흑물질》과 첫 결합으로 나타난 상태를《석가모니
하나님 부처님》의 삼진(三眞)으로써《아뜨만》이라고
하는 것이다.

 『우파니샤드』에서는 때로는 삼진(三眞) 중의 진성
(眞性)과 진정(眞精)을《아뜨만》으로 노래하고 진명(眞
命)만 따로《브라만》이라고 노래되는 경우도 있다.

[19] 『까타 우파니샤드(Katha Upanishad)』「제1부 제3장 10, 11, 12편」

10.
"감각보다는 그 대상이 먼저 생겼고
그 대상들보다 마음이 먼저 생겨났다.
마음(心)보다 성(性)이 먼저 생겨났고
성(性)보다 아뜨만(Atman)이
먼저 있었다."

11.
"그 아뜨만(Atman)보다
미현인이 먼저 있었고
미현인보다
뿌루샤(Purusha)가 먼저 있었다.

> 뿌루샤 이전에는 아무것도 없었다.
> 이것이 끝이요 최종 목적지이다."
>
> 12.
> "이 손가락만한 뿌루샤(Purusha)는
> 연기없는 불과 같고
> 과거와 현재의 통치자이다.
> 오늘도 여기 존재하고
> 내일도 존재할 것이다.
> 확언하건대
> 그가 곧 브라만(Brahman)이다."

상기 내용을 반대로 거슬러 정리하면 뿌루샤(Purusha)→미현인→아뜨만(Atman)→성(性)→마음(心)→감각의 순서이다.

뿌루샤(Purusha)가 곧 브라만(Brahman)이라고 노래되는 부분이 곧 첫 삼합(三合)의 진공(眞空)의 상태를 노래한 것이며, '미현인'은 오온(五蘊)의 단계를 말하는 것이다.

이로써 《석가모니 하나님 부처님》의 삼진(三眞)이 있게 되는 것을 《아뜨만(Atman)》으로 노래한 것이며,

다음으로 삼진(三眞)의 나뉨을 받은 인간 마음(心)의 근본 뿌리인 성(性)이 있게 되고 성(性)으로부터 마음(心)이 있게 되는 것이며 마음(心)으로부터 감각이 있게 됨을 노래하고 있는 것이다.

[20] 『까타 우파니샤드(Katha Upanishad)』「제2부 제1장 1항, 2항」

> 1.
> "저주 받은 스스로 존재하는 것이
> 감각 기관을 밖으로 향하게 한다.
> 그런 까닭에
> 사람들은 자신의 내면(內面)을 보지 않고
> 밖의 대상만을 보려든다.
> 현명한 사람은
> 그의 눈을 밖으로 돌리지 않고
> 그의 내면(內面)을 봄으로써
> 불멸(不滅)을 희구한다."
>
> 2.
> "지혜가 모자라는 사람은

> 바깥의 즐거움만 쫓기 마련이고
> 그로써 그는
> 죽음이라는 어마어마한 덫에
> 걸리게 되는 것이다.
> 그러나 현명한 사람은
> 허망한 것들에 대한 욕심을 내지 않고
> 변치 않는 불멸(不滅)을 깨달아
> 알게 된다."

"저주 받은 스스로 존재하는 것"은 스스로의 《업(業)》을 말하는 것이다. 이하의 내용은 쉽게 이해되는 내용으로 설명은 생략한다.

[21] 『까타 우파니샤드(Katha Upanishad)』「제1부 제2장 5, 6」

> 5.
> "무지 속에 갇혀 있는 사람은
> 스스로를 상당한 지식인
> 그리고 대단한 학자라고 생각하면서
> 그 무지로 인하여
> 마치 눈먼 장님들이
> 다른 장님들을 인도하듯
> 영영 삐뚤어진 다른 길로 가게 된다."
>
> 6.
> "제물에 눈이 어두워
> 제 정신이 아닌 사람들에게는

> 다른 세계로 나아갈 수 있는 길이
> 보이지 않는다.
> 이 세상이 존재할 뿐
> 다른 세상은 없다고 생각하는 사람은
> 윤회(輪廻)의 쳇바퀴 속에 머물 뿐이다."

    학자라는 신분으로 특정 종교의 하수인 노릇이나 하는 로봇 학자분들께서는 깊이 생각하셔야 될 노래이다.

2. 우파니샤드 용어해설

[1] 삼진(三眞)

1) 진성(眞性)

> "······중략······
> 태양(太陽) 가운데 달(月)이 서 있다.
> 달(月) 가운데 불(火)이 서 있다.
> 불(火) 가운데 진성(眞性)의 존재가
> 서 있다.
> 진성(眞性)의 존재 가운데
> 흔들리지 않는 자가 서 있다."

> 『마이뜨리 우파니샤드(Maitrayaniya Upanishad)
> 제6장 38편』

상천궁(上天宮)에서 1의 성(星)이었던 《석가모니 하나님 부처님》의 진신(眞身)의 중성자태양성(中性子太陽星)이 십거(十鉅) 후 진성성(眞性星)으로 바뀌어 최근 대폭발을 일으킬 때까지의 상태를 《진성(眞性)》이라고 하며

이 진성(眞性) 역시 중성자(中性子)의 진화(進化) 상태를 말하며 현대 과학 용어(用語)로는 《반중성자(反中性子)》 별이라는 뜻이 되며

인간 개개인에게 내려와 있는 진성(眞性) 역시 《석가모니 하나님 부처님의 나뉨》으로써 《하나님의 아들》이라고 『삼일신고(三一神誥)』에서 말하고 있으며,

반중성자(反中性子)인 진성(眞性)의 나뉨이 온전히 인

간(人間) 뇌에 좌정할 수 있는 이유가 반중성자(反中性子)인 진성(眞性)의 외곽을 양전자(陽電子)가 싸고 있음을 모든 부처님들께서는 밝히고 있다.

이 진성(眞性)의 나뉨인 진성(眞性)은 《음양(陰陽)》으로 갈라져 《음(陰)의 진성(眞性)》은 우뇌(右腦)에 자리하고 《양(陽)의 진성(眞性)》은 왼쪽 눈동자로 자리한다.

상기(上記) 인용한 『마이뜨리 우파니샤드(Maitrayaniya Upanishad)』「제6장 38편」의 '**태양 가운데의 달(月)**'은 태양성(太陽星)의 핵(核) 중의 핵(核)인 《불성(佛性)의 30궁(宮)》을 이야기하고 있다.

이러한 《불성(佛性)의 30궁(宮)》[30]은 《중성자(中性子)

---

30)
미륵불(2015), (개정판) 불교기초교리핵심 81강, 아나출판사, 224쪽~228쪽.
미륵불(2015), (개정판) 대승보살도 기초교리, 아나출판사, 457

20》과 《양전자(陽電子) 10》으로 30궁(宮)을 이루고 있는 것이다.

"달(月) 가운데 불(火)이 서 있다"함은 불성(佛性) 중의 중성자(中性子)를 뜻하며,

"불(火) 가운데 진성(眞性)의 존재가 서 있다"함이 바로 중성자(中性子)의 진화(進化)로 이루어진 진성(眞性)을 뜻하며, 진정(眞精)의 존재 가운데 흔들리지 않는 자가 바로 《석가모니 하나님 부처님》을 뜻하는 것이다.

이 때문에 《석가모니 하나님 부처님》의 경전에 기록된 《부처님》이 모든 인간들의 아버지로서 《석가모니 하나님 부처님》이 되심을 강조하시는 이유가 여기에 있으며,

이러한 사실을 깨닫고 본래의 자리에 머무는 자세

쪽 등.

가 우주(宇宙)와 일여(一如)를 이루는 성불(成佛)이 되는 것이다.

2) 진명(眞命)

> "⋯⋯중략⋯⋯
> 세 발을 가진 브라만(Brahman)은
> 그 뿌리가 위로 향해 있으니
> 대공, 바람, 불, 물, 흙 등이
> 그 가지인 나무이다.
> 그(무화과) 나무는 세상의 이름이요,
> 세상이 곧 브라만(Brahman)이다.
> 그리고 태양(太陽)이라 불리는 것이

> 그 세상의 빛이요.
> 그 빛은 또한 오움(Om)이다.
> 그러므로 오움으로 경배하라 하였으니
> 이것(오움)이
> 바로 우리를 깨닫게 하는 자이다.
> 이 '오움(Om)'이야 말로 순수한 글자
> 이것이 가장 훌륭한 글자이다.
> 이 글자를 아는 자는
> 그가 원하는 것을 모두 가지리라."
>
> 『마이뜨리 우파니샤드(Maitrayaniya Upanishad)
> 제6장 4편』

"세 발을 가진 브라만"의 '세 발'은 《1-3의 길》과 《3-1의 길》과 《1-4의 길》을 말하는 것이며

'브라만'은 진성광(眞性光)과 진명광(眞命光)이 양음(陽陰) 짝을 한 《여섯 뿌리의 진공(眞空)》으로써 《석가모니 하나님 부처님》을 노래한 것이다.

"그 뿌리가 위로 향해 있으니"의 '위'는 우주(宇宙)의 북쪽 《대공(大空)》의 경계 바깥의 《적멸보궁》을 향해 있는 쪽을 말하는 것이다.

'나무'는 《우주(宇宙)》를 《한 그루》 나무에 비유하여 노래한 것이며 '그(무화과) 나무는'은 《현존우주》를 노래한 것이다.

"세상이 곧 브라만이다"의 '브라만'은 《석가모니 하나님 부처님의 몸(身)》을 노래한 것이다.

이와 같은 뜻을 감안한 해설은 다음과 같다.

> "……중략……
> 《1-3의 길》과 《3-1의 길》과 《1-4의 길》을 가진 《상천궁(上天宮)》은 그 뿌리가 《적멸보궁》으로 향해 있으니 대공, 바람, 불, 물, 흙 등이 그 가지인 《우주(宇宙)》이다. 《현존(現存)하는 우주(宇宙)》는 세상의 이름이요. 《현존(現存)하는 우주(宇宙)》는 곧 《석가모니 하나님 부처님의 몸(身)》이다."

라고 해설이 된다.

다음으로 《현존하는 우주(宇宙)》의 빛은 태양성(太陽星)들로부터 비롯되는 장면을 "**그리고 태양(太陽)이라 불리는 것이 그 세상의 빛이요**"라고 노래하는 것이며

태양성(太陽星)의 빛 중 수소(H) 핵(核) 융합 반응 때에 양전자(陽電子)와 전자(電子)가 부딪혀 발생하는 《

환한 밝은 빛》을 내는 《진명광(眞命光)》을 "**그 빛은 또한 오움(Om)이다**"라고 노래하고 있는 것이다.

현존(現存) 우주를 바탕하며 경계하는 것을 대공(大空)이라고 한다.

이러한 《대공(大空)》은 《석가모니 하나님 부처님》 진신(眞身) 중의 진신(眞身)인 진성광(眞性光)과 진명광(眞命光)이 양음(陽陰) 짝을 하여 《여섯 뿌리의 진공(眞空)》을 이루어 대공(大空)의 원천(源泉) 바탕과 경계를 이룬 이후

다시 여섯 뿌리의 진공(眞空)과 암흑물질이 음양(陰陽) 짝을 하여 대공(大空)의 바탕을 이룬다.

이러한 대공(大空)의 바탕에서 파동(波動)에 의해 양음(陽陰) 짝을 하고 있던 진성광(眞性光)과 진명광(眞命光)이 분리되면서 비유하자면 미세한 측정 불가

능한 수많은 유리구슬을 만들게 된다.

즉, 유리구슬의 표면이 진명광(眞命光)이 되며 유리 구슬 내부가 진성광(眞性光)이 자리하는 것이다.

이러한 유리구슬을 도형으로 나타내면 다음과 같다.

여섯 뿌리의 진공(眞空) 구슬

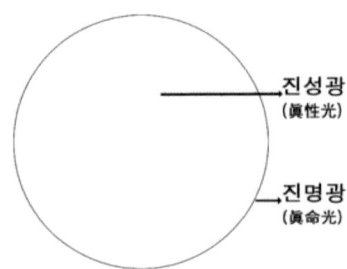

이와 같은 유리구슬이 암흑물질과 음양(陰陽) 짝을 하였을 때가 오온(五蘊)의 색(色)의 단계이다.

이후 수(受), 상(相), 행(行), 식(識)의 단계를 거쳐 다섯 기초 원소로 탄생하는 것이다.

이렇듯 양음(陽陰) 짝을 한 진성광(眞性光)과 진명광(眞命光)에 있어서 파동(波動)에 의해 유리구슬을 만들기 위해 진명광(眞命光)이 일어나는 것을 '**법(法)의 일어남**'이라고 하며 《오움(Om)》이라고 하는 것이다.

《진성광(眞性光)》과 《진명광(眞命光)》이 양음(陽陰) 짝을 한 《여섯 뿌리의 진공(眞空)》으로 자리하였을 때가 적멸(寂滅)한 경계로써 《석가모니 하나님 부처님》의 진신(眞身) 중의 진신(眞身)으로 자리하게 되나

법(法)의 일어남으로 무수한 측정 불가능한 진공(眞

空) 유리 구슬로 만들어졌을 때 진성광(眞性光)의 영역은 《석가모니 하나님 부처님》의 《양(陽)》의 영역이 되나 구슬 표면을 이룬 《진명광(眞命光)》은 《석가모니 하나님 부처님》 《음(陰)》의 영역이 되는 것이다.

이로써 미세한 암흑물질과 삼합(三合)을 함으로써 만물(萬物)의 씨종자를 만드시는 것이다.[31]

현존우주가 바탕을 하는 대공(大空)에서는 항상 《석가모니 하나님 부처님》 《음양(陰陽)》의 작용에 의해 꾸준히 조물(造物)이 이루어지고 있는 것이다.

그리고 《여섯 뿌리 진공(眞空)》이 원천 바탕을 하

---

31)
미륵불(2015), (최종개정판) 정본(正本) 반야바라밀다심경, 아나출판사
미륵불(2015), (개정판) 妙法華(묘법화)의 실상의 법, 아나출판사 등.

는 《대공(大空)》의 경계를 《시간(時間)의 벽》이라고 하는 것이다.

또한, 법(法)의 일어남이 곧 진명광(眞命光)의 일어남이며 이러한 《진명광(眞命光)》의 일어남을 《오움(Om)》이라고 하는 것이다.

이와 같은 역할을 하는 진명광(眞命光)이 태양의 빛 속에서도 《환한 밝은 빛》으로 드러나니 그 환한 밝은 빛 또한 《오움(Om)》이니 "**《오움(Om)》에 경배하라**"고 노래하고 있는 것이다.

《오움(Om)》으로 이름되는 《진명광(眞命光)》보다 한 단계 덜 진화(進化)된 것이 《진명(眞命)》인 《양전자(陽電子)》이다.

양자영(陽子靈) 24와 전자영(電子靈) 6으로 이루어

진 마음(心)의 근본 뿌리인 《성(性)의 30궁(宮)》이 보살도 성취의 보살(菩薩)을 이루었을 때 《전자영(電子靈) 6》이 《중성자영(中性子靈) 2》와 《양전자영(陽電子靈) 4》로 전환이 된다.

즉, 이때의 《양전자영(陽電子靈) 4》가 《진명(眞命)》으로써 한 깨달음을 이루었을 때라야 얻을 수 있는 것이다.

이러한 장면을 "이것(오움)이 바로 우리를 깨닫게 하는 자이다"라고 노래하는 것이다.

3) 진정(眞精)

"현자들이 또 말하기를
육신은 활이며 화살은 오움(Om)이다.

마음은 과녁이다. 어둠은 과녁의 표시.
그 어둠을 뚫어야
어둠으로 덮이지 않는
그것에 도달하리니
그처럼 무지로 된 어둠을 꿰뚫고 나면
불의 수레바퀴와도 같이
태양과 같은 빛으로
힘차게 타오르는 그를 보리라.
그 브라만은 어둠 너머에 있으니
저 태양 속에 빛나는 자이며
달 속에, 불 속에, 번개 속에
있는 자이다.
그 존재를 보면 불멸을 얻으리라.

명상은 지고의 존재를 깨닫는 길이니
외부의 대상은
명상의 대상이 되지 않는다.
그러나 명상을 통해
그 특정 지울 수 없고,
이해할 수 없는 존재를
특정 지울 수 있게 되는 것이다.
마음의 업이 모두 녹으면
그때 거기에는 그 대상이 필요 없는
'환희'가 있을 것이니
그것이 브라만이요, 불멸이요, 순수요,
그것이 길이다.
그것이 (참의) 세상이로다"

『마이뜨리 우파니샤드(Maitrayaniya Upanishad)
제6장 24편』

(1)

> "현자들이 또 말하기를
> 육신은 활이며 화살은 오움(Om)이다."

상기 노래되는 대목의 뜻은 보살도(菩薩道) 성취의 보살(菩薩) 이룸의 수행을 방편으로 노래한 대목이다.

인간의 육신(肉身)을 지탱하며 다스리는 본체(本體)는 마음(心)의 근본 뿌리인 《성(性)의 30궁(宮)》이다.

이러한 성(性)의 30궁(宮)이 《석가모니 하나님 부처님》의 나눔인 《삼진(三眞) 10》과 40궁(宮)을 이루고 작용(作用)함으로써 육신(肉身)을 지탱하며 다스리는 것이다.

이러한 진화(進化)의 당체인 《성(性)의 30궁(宮)》이 《맑음과 밝음》을 최고로 하기 위해서는 육신(肉身)의 단련이 필요한 것이다.

이 때문에 육신(肉身)을 '활'에 비유한 것이며, 《성(性)의 30궁(宮)》이 《맑음과 밝음》을 최고로 하였을 때 명상(冥想)과 삼매(三昧) 수련을 통해 상온에서 핵(核)융합 반응이 일어나

《성(性)의 30궁(宮)》에 있어서 《전자영(電子靈) 6》이 《중성자영(中性子靈) 2》와 《양전자영(陽電子靈) 4》로 전환이 됨과 동시에 벅찬 환희가 있게 되는 것이다.

이때가 보살심(菩薩心)의 근본 뿌리인 《성령(性靈)의 30궁(宮)》을 이루는 때로써 보살도 성취의 보살을 이루는 때이다.

이러한 전환에 있어서 《양전자(陽電子) 4》가 다시 진화(進化)를 하게 되면 《오움(Om)》이 되는 것이다.

때문에 목표하는 바는 《오움(Om)》이기 때문에 **"화살은 오움이다"**라고 노래하는 것이다.

(2)

> "마음은 과녁이다. 어둠은 과녁의 표시.
> 그 어둠을 뚫어야 어둠으로 덮이지 않는
> 그것에 도달하리니
> 그처럼 무지로 된 어둠을 꿰뚫고 나면
> 불의 수레바퀴와도 같이
> 태양과 같은 빛으로
> 힘차게 타오르는 그를 보리라."

명상(冥想)과 삼매(三昧) 수련에는 미묘한 차이가 있다.

 즉, 명상(冥想)은 진리(眞理)의 말씀을 떠올려 고요히 진리(眞理) 속에 머무는 것이며,

삼매(三昧)는 명상(冥想) 끝에 모든 생각을 끊고 고요히 머무르다 순간 집중함으로써 공(空) 속에 머무르는 차이가 있다.

 상기 노래되는 대목은 명상(冥想)과 삼매(三昧) 수련을 동시에 요구하는 노래로써

마음(心)의 근본 뿌리인 《성(性)의 30궁(宮)》을 겨냥한 내용을 "마음은 과녁이다. 어둠은 과녁의 표시, 그 어둠을 뚫어야 어둠으로 덮이지 않는 그것에 도달하리니, 그처럼 무지로 된 어둠을 꿰뚫고 나면" 이라고 노래하는 것이다.

진행을 하면서 밝혀 드린 《마음(心)의 도형》[32]을 참고하시면 상기 노래되는 내용이 쉽게 이해가 되실 것이다.

　이러한 수행의 대전제 조건이 《성(性)의 30궁(宮)》이 《밝음과 맑음》을 갖추는 수행이 먼저임을 아시기 바란다.

　진화(進化)의 주인공인 《성(性)의 30궁(宮)》이 인간 육신(肉身)에 자리할 때는 《석가모니 하나님 부처님》의 나뉨인 《삼진(三眞) 10》이 내려와 40궁(宮)[33]을 이루고 작용(作用)을 한다.

　이러한 작용(作用)에 있어서 성(性)의 《양자영(陽子靈) 18》과 진정(眞精)인 《중성자영(中性子靈) 6》이 결합하여 《영혼(靈魂)》이 된 후 중심을 이루고, 그 외

---

32) 36쪽 그림 참조.
33) 37쪽 표 참조.

곽을 《양자영(陽子靈) 8》과 진명(眞命)인 양전자영(陽電子靈) 2와 전자영(電子靈) 6이 궤도를 이루고 자리함을 《마음(心)의 도형 B》[34]에서 설명 드린 바가 있다.

이러한 작용을 하는 진정(眞精)인 《중성자영(中性子靈) 6》과 《양자영(陽子靈) 18》이 결합하여 중심을 이루고 있는 《영혼(靈魂)》을 **"불의 수레바퀴와도 같이 태양과 같은 빛으로 힘차게 타오르는 그"** 라고 노래하고 있는 것이다.

이와 같은 《진정(眞精)》인 《중성자(中性子) 6》을 《브라만(Brahman)》이라고 이름하는 것이다.

(3)

---

34) 36쪽 그림 참조.

> "그 브라만은 어둠 너머에 있으니
> 저 태양 속에 빛나는 자이며
> 달 속에, 불 속에, 번개 속에 있는 자이다.
> 그 존재를 보면 불멸을 얻으리라."

'그 브라만'은 진정(眞精)인 《중성자(中性子)》와 진명(眞命)인 《양전자(陽電子)》를 노래한 것으로써

태양성(太陽星)이나 달(月) 등의 핵(核)에서도 중심(中心)을 이루는 것은 《중성자(中性子)》와 《양전자(陽電子)》이며, 불 속이나 번개 속에도 있는 것이 진명(眞命)인 《양전자(陽電子)》이다.

이러한 내용을 "저 태양 속에 빛나는 자이며 달 속에, 불 속에, 번개 속에 있는 자이다."라고 노래하는 것이다.

이러한 진정(眞精)인 중성자영(中性子靈) 6과 양자영(陽子靈) 18이 우주간(宇宙間)의 법칙인 《1-3의 법칙》에 의해 결합하여 《영혼(靈魂)》을 이루고 자리한 것을 보는 것을 《견성(見性)》이라고 하며,

이로써 《인간 완성의 부처》를 이루므로 이러한 장면을 **"그 존재를 보면 불멸을 얻으리라"**라고 노래하는 것이다.

(4)

> "명상은 지고의 존재를 깨닫는 길이니
> 외부의 대상은
> 명상의 대상이 되지 않는다.
> 그러나 명상을 통해
> 그 특정 지울 수 없고,
> 이해할 수 없는 존재를

> 특정 지울 수 있게 되는 것이다."

'지고의 존재'는 《브라만(Brahman)》으로 이름되는 진정(眞精)인 중성자(中性子)를 말하는 것이며, 이러한 중성자(中性子)의 세계가 곧 부처님들의 세계인 것이다.

이와 같은 존재를 깨닫는 길이 명상(冥想)임을 노래하고 있다.

《견성성불(見性成佛)》은 《성(性)을 통하여 공(空)을 완성하는 것》이다.

즉, 성(性)의 《맑음과 밝음》의 최종 완성은 명상(冥想)과 삼매(三昧)를 통하여 이루게 됨을 노래한 것

[1] 삼진(三眞)

이다.

이러한 《성(性)》의 《맑음과 밝음》의 완성을 《석가모니 하나님 부처님》께서는 《지혜(智慧)의 완성》이라고 하시는 것이다.

이러한 여러분들의 육신(肉身) 속에 있는 또 하나의 자기(自己)인 본체(本體)의 완성으로써

이러한 완성된 본체(本體)를 명상(冥想)과 삼매(三昧)를 통해서만이 그 존재를 알 수 있는 것을 "그러나 **명상을 통해 그 특정 지울 수 없고, 이해할 수 없는 존재를 특정 지울 수 있게 되는 것이다**"라고 노래하는 것이다.

(5)

> "마음의 업이 모두 녹으면
> 그때 거기에는 그 대상이 필요 없는
> '환희'가 있을 것이니
> 그것이 브라만이요, 불멸이요, 순수요,
> 그것이 길이다.
> 그것이 (참의) 세상이로다"

평상시에 《성(性)》의 《맑음과 밝음》을 위해 꾸준히 노력한 결과가 마음의 《업(業)》이 모두 녹는 때이다.

이러한 이후 명상(冥想)과 삼매(三昧)를 통하여 《성(性)》의 《맑음과 밝음》을 완성하는 것이다.

이러한 결과가 진화(進化)의 당체인 《성(性)의 30

[1] 삼진(三眞) 221

궁(宮)》에 있어서 《전자영(電子靈) 6》이 상온에서 핵(核) 융합 반응을 일으킴으로써 《중성자영(中性子靈) 2》와 《양전자영(陽電子靈) 4》로 전환이 된다.

 이렇게 전환이 될 때 벅찬 환희가 있게 되는 것이다.

 또한, 전환이 된 중성자영(中性子靈) 2 역시 진정(眞精)이 됨으로써, 이때를 '인간 완성의 부처(佛)'를 이룬 때로 이름하는 것이다.

 이와 같은 내용을 "그때 거기에는 그 대상이 필요없는 '환희'가 있을 것이니 그것이 브라만(Brahman)이요, 불멸이요, 순수요, 그것이 길이다. 그것이 (참의) 세상이로다."라고 노래하고 있는 것이다.

 《중성자(中性子)》와 《양전자(陽電子)》는   양음(陽陰)

관계임을 잊지 마시기 바란다.

[2] 삼진(三眞)과 성(性)

1)

> "언제나 함께 있는 두 마리 새가
> 한 그루 나무에 앉아 있다.
> 한 마리는 서로 다른 맛을 내는 열매를
> 쪼아 먹고 있고,
> 다른 한 마리는 먹지 않고 그저 바라만
> 보고 있다."
>
> 『문다까 우파니샤드 제3장 제1편 [1]』

'한 그루 나무'는 인간의 육신(肉身)을 비유한 것이며,

'두 마리 새'는 인간의 육신(肉身) 속에 자리하고 있는 진성(眞性), 진명(眞命), 진정(眞精)인 《삼진(三眞) 10》과 진화(進化)의 주인공으로서 육신(肉身) 속에 있는 또 하나의 자기인 영(靈)과 영신(靈身)으로서의 《성(性)의 30궁(宮)》을 비유하는데,

행위로 얻은 열매를 계속 쪼아 먹고 있는 쪽은《성(性)의 30궁(宮)》이며 그저 보고만 있는 쪽은《삼진(三眞) 10》이다.

이러한 삼진(三眞)을 하늘(天)의 씨앗으로써 《석가모니 하나님 부처님의 나눔》이라고 한다.

《삼진(三眞) 10》은 반중성자(反中性子)인 진성(眞性) 1과 양전자(陽電子)인 진명(眞命) 3과 중성자(中性子)인 진정(眞精) 6으로 이루어져 있으며,

《성(性)의 30궁(宮)》은 성(性)의 《양자영(陽子靈) 18》과 영신(靈身)을 이루는《양자영(陽子靈) 6》과 전자영

(電子靈)인 명(命) 6으로 《30궁(宮)》을 이루고 있다.

삼진(三眞) 10은 성(性)의 30궁(宮)의 진화(進化)를 돕기 위해 하늘(天)의 씨앗이 심겨진 것이다.

이러한 《삼진(三眞)》과 《성(性)의 30궁(宮)》의 작용(作用)의 역할을 두 마리 새로 비유하여 절묘하게 노래한 내용이다.

2)

> "같은 나무에 앉아서
> 개체아(個體俄)는 자신의 무능력을 비관하며 슬퍼한다.

> 그의 옆에는 다른 숭배 받는 하나님이 있었으니
> 그 위대함을 보고 나면 그때 비로소 슬픔에서 벗어나도다."
>
> 『문다까 우파니샤드 제3장 제1편 [2]』

'개체아'는 진화(進化)의 당체인 《성(性)의 30궁(宮)》을 이름함이며 옆의 다른 최고의 신(神)은 삼진(三眞)을 이름한 것이다.

3)

> "보는 주체인 의식이
> 황금빛과 창조자인 하나님과
> 브라만(Brahman)의 모체인 뿌루샤를 보게 될 때
> 그 사람은 선과 악의 범위를 초월하고
> 그 최고의 뿌루샤와 다를 바 없는 경지에 도달하게 되리라."
>
> 『문다까 우파니샤드 제3장 제1편 [3]』

'보는 주체인 의식'은 《성(性)의 30궁(宮)》에 있어서 《양자(陽子) 24》를 이야기하는 것이며 석가모니 하나님 부처님께서는 이를 《지혜(智慧)》[35]로써 말씀

---

35)
미륵불(2016), (최종개정판) 정본(正本) 반야바라밀다심경), 아나출판사
미륵불(2018), (보살불교) 묘법화경·해설 시리즈 (전5권), 아나출판사 등.

하신다.

'브라만(Brahman)'은 진성광(眞性光)과 진명광(眞命光)이 양음(陽陰) 짝을 한 《진성(眞性) 1》을 뜻하며, 이는 곧 《석가모니 하나님 부처님》으로 이름하고 있다.

이 장에서 노래되는 브라만(Brahman)의 모체인 뿌루샤는 곧 진성광(眞性光)과 진명광(眞命光)이 각각 따로 공(空)을 이루고 있는 상태를 명명한 것이다.

4)

> "이 모든 생명체들의 참된 힘은 모든 숨을 통하는 빛이다.
> 그를 알고 난 다음 현인(賢人)은

> 그 외의 다른 것을 이야기하지 않는다.
> 그는 아뜨만(Atman) 안에서 즐기며,
> 그는 아뜨만 안에서 환희에 차며,
> 그는 오직 아뜨만에만 몰두한다.
> 이런 자가 브라만(Brahman)을 아는 자들 중에 으뜸가는 사람이다."
>
> 『문다까 우파니샤드 제3장 제1편 [4]』

《삼진(三眞) 10》과 《성(性)의 30궁(宮)》이 인간의 육신(肉身) 속에 자리하는 분포를 보면,

《진성(眞性) 1》은 《음양(陰陽)》으로 분리되어 《음(陰)의 진성(眞性) 1》은 우뇌(右腦)에 자리하고 《양(陽)의 진성(眞性) 1》은 왼쪽 《눈동자》로 자리하며,

《진명(眞命) 1》은 오른쪽 《눈동자》로 자리하며 《

진명(眞命) 2》는 목(目)의 양쪽 편도에 자리하고,

진정(眞精)인 중성자(中性子) 6은 성(性)의 《양자영(陽子靈) 18》과 결합하여 24궁(宮)을 이루고 인간의 심장 뿌리에 자리하게 된다.

이러한 24궁(宮)의 《양자영 18》의 주위를 《양자영(陽子靈) 6》과 《전자영(電子靈) 6》이 궤도를 이루고 회전을 하게 된다.

이때 진명(眞命)인 《양전자(陽電子) 2》가 《속성》의 양자영 2와 《음양(陰陽)》짝을 하여 《양자영(陽子靈) 6》과 《전자영(電子靈) 6》의 궤도에 합류하여

《양자영(陽子靈) 2》은 궤도를 이룬 《양자영(陽子靈) 6》과 결합하고 《양전자 2》은 《전자영 6》과 결합하여 《8×8의 구조》를 이루고 들숨(入息)을 주도하고

날숨(出息) 때에는 《중성자(中性子) 6》과 《양자영(陽子

靈) 18》이 24궁(宮)을 이루고 있는 가운데 이때 외곽에서 《양자영 6》과 《전자영 6》이 《6×6 구조》를 이루고 회전을 하는 것이다.[36]

이러한 《진명(眞命) 2》와 《명(命)》인 《전자영(電子靈) 6》을 『우파니샤드(Upanisads)』에서는 《숨》이라고 노래하는데, 이 장에서의 《숨》은 진명(眞命)인 《양전자(陽電子) 2》를 노래하고 있는 것이다.

이때의 《아뜨만(Atman)》은 《중성자영(中性子靈) 6》과 《양자영(陽子靈) 24》가 결합한 30궁(宮)을 이름하고 있는 것이다.

---

36) 36쪽 그림 참조

[3] 성(性)과 명(命)

1)[37]

> "⋯⋯중략⋯⋯
>
> 심장 속 빈 공간으로 이루어진 곳은
> '환희' 그 자체인
> 지고의 존재가 머무는 곳
> 그는 바로 우리 자신이며
> 우리가 '요가'를 통해
> 가고자 하는 목적지다.
> 이것 또한 불과 <u>태양(太陽)</u>과 <u>열기</u>이다."
>
> 『마이뜨리 우파니샤드(Maitrayaniya Upanishad)』
> 제6장 27편

---

[37] http://brahmanedu.org/hanguk/books/heart/books_heart_vods19.html(제19회 정본반야바라밀다심경 강의 (2016.6.18.)

『마이뜨리 우파니샤드(Maitrayaniya Upanishad)』「제6장 27편」은 성(性)의 36궁(宮) 중 영혼(靈魂)과 <u>영혼(靈魂)이 머무는 곳</u>에 대한 내용이다.

영혼(靈魂)인 양자영(陽子靈) 18과 진정(眞精)인 중성자영(中性子靈) 6이 자리한 곳은 '**심장 속 빈 공간으로 이루어진 곳**'으로 그 곳은 '**환희 그 자체인 지고의 존재가 머무는 곳**'이라고 표현하고 있다.

여기서 '불과 태양'은 양자영(陽子靈) 18을 뜻하고, '열기'는 중성자영(中性子靈) 6을 뜻한다.

인체의 체온이 36.5도씨를 유지할 수 있는 것이 바로 이 열기를 내어 주는 중성자(中性子) 여섯 때문이다.

그리고 불덩어리가 있는 자리가 양자영(陽子靈)

18의 자리이다.

　고로 상기 우파니샤드는 양자영(陽子靈) 18과 중성자영(中性子靈) 6으로 구성되는 영혼(靈魂)과 영혼(靈魂)이 머무는 곳을 노래한 것이다.

2)

> 1.
> "4-1. 성자 빠잉 갈라(Paingala)가 야자발끼야(Yajnavalkya)에게 여쭈었다. "아는 자란 어떤 자입니까? 아는 자는 어떻게 행동하게 됩니까?"
> 4-2. 야자발끼야가 대답하였다. "자만

없는 마음 등으로 준비를 하고 (꾸준한 수행을 함으로써) 드디어 해탈을 구하는 자는 그가 속한 가문의 스물 한 세대의 가문을 구하는 자이다. 그가 브라만을 아는 자가 되는 순간 그는 그가 속한 가문의 백 하나 세대를 구하는 것이다.
4-3. 아뜨만을 수레의 주인이라 생각하라. 육신을 수레라 생각하라. 지혜를 마부로 생각하라. 그리고 마음을 고삐라 생각해 보라."

2.
"4-4. 감각들은 말이요 감각이 쫓는 그 대상들은 말이 달려 나가는 길이라. 브라만을 아는 자들의 '심장'은 하늘을 나는 수많은 수레들이다."

3.
"4-5. 감각과 마음을 꿰어찬 아뜨만이 겪는 자임을 위대한 성자들이 말한 바 있으니 그러므로 나라야나(Narayana)는 (모든 만물의) 심장 속에 자리하고 있도다."

4.
"4-6. 전생의 업이 소멸되지 않는 한 그는 늪에 빠진 뱀처럼 움직인다. 그러나 해탈을 얻은 자는 육신을 입은 때라도 하늘에서 달이 어디에든 얽매이지 않고 다니는 것처럼 돌아다닌다."

『빠잉갈라 우파니샤드 제4장 1~4[38]』

---

38) 빠잉갈라 우파니샤드 4장 1항~6항으로 표현되기도 함.

(1)

> 4-1
> "성자 빠잉 갈라(Paingala)가 야자발끼야(Yajnavalkya)에게 여쭈었다. "아는 자란 어떤 자입니까? 아는 자는 어떻게 행동하게 됩니까?"
>
> 4-2
> "야자발끼야가 대답하였다. "자만 없는 마음 등으로 준비를 하고 (꾸준한 수행을 함으로써) 드디어 해탈을 구하는 자는 그가 속한 가문의 스물 한 세대의 가문을 구하는 자이다. 그가 브라만을 아는 자가 되는 순간 그는 그가 속한 가문의 백 하나 세대를 구하는 것이다."

'해탈을 구하는 자'는 《보살도(菩薩道) 입문자》를 말하는 것이며 '브라만을 아는 자'는 《보살도(菩薩道) 성취의 보살》을 이룬 자를 말한다.

수행자가 《보살도 입문》만 하여도 그가 속한 가문의 스물 한 세대를 구원하게 되며 《보살도 성취의 보살》이 되었을 때 그가 속한 가문의 백 하나 세대를 구원하게 됨을 노래하고 있다.

인간의 육신(肉身)이 가지고 있는 《속성(屬性)》으로 불리우는 《39,960》개의 유전자와 백 억조 개의 세포들에게 내재된 정보량(情報量)은 조상(祖上)으로부터 비롯된 것이다

이렇게 내재된 정보(情報)에는 밝음의 정보와 어두움의 정보가 혼재가 되어 있다.

이러한 정보(情報)에 있어서 《보살도 입문》을 하기까지의 수행으로도 한 가문의 스물 한 세대에 걸쳐 입력된 어둠의 정보(情報)를 청산하여 밝고 맑음의 정보(情報)를 채울 수 있기 때문에 《업(業)》으로부터 해방이 되어 그들이 구원이 되는 것이다.

또한, 인간의 육신(肉身)을 가진 자가 수행으로 숙세로부터 쌓여 온 모든 《업(業)》을 청산하였을 때가 《보살도 성취의 보살》을 이루는 때인 것이다.

이때가 눈에 보이지 않으나 《인드라 그물망》과 같이 조상(祖上)들과 유전적(遺傳的)으로 얽혀 있는 모든 《업(業)》이 청산이 된 때이기 때문에 백하나 세대가 구원을 얻게 되는 것이다.

4-3
"아뜨만을 수레의 주인이라 생각하라.
육신을 수레라 생각하라.
지혜를 마부로 생각하라.
그리고 마음을 고삐라 생각해 보라."

《진성(眞性)》, 《진명(眞命)》, 《진정(眞精)》 등 《삼진(三眞)》을 『우파니샤드』에서는 《아뜨만》이라고 하는 것이다.

이러한 《아뜨만(Atman)》이 자리한 육신(肉身)을 수레라 생각하고 인간 뇌(腦)에 축적된 지(智)와 성(性)의 양자군(陽子群)들에게 축적된 혜(慧)가 상호 작용을 하는 《성(性)의 24궁(宮)》《양자영(陽子靈)》들이 가진 지혜(智慧)를 마부로 생각하고 이로써 만들어지는 마음(心)을 고삐라 생각해 보라고 노래하고 있다.

(2)

4-4
"감각들은 말이요

> 감각이 쫓는 그 대상들은
> 말이 달려 나가는 길이라.
> 브라만(Brahman)을 아는 자들의 '심장'은
> 하늘을 나는 수많은 수레들이다."

'감각들'은 『삼일신고(三一神誥)』「제오장(第五章)」[39]에 등장하는 《삼도(三途)》인 감(感), 식(息), 촉(觸)에 있어서 식(息)을 제외한 감(感), 촉(觸)을 통하여 아는 것을 말하며,

'감각이 쫓는 그 대상들'은 기쁨, 놀람, 슬픔, 성냄, 욕심냄, 미워함과 소리, 색깔, 냄새, 맛, 성욕, 닿음의 12경계를 말하는 것이다.

이러한 12경계가 감(感), 촉(觸)이 달려 나가는 길

---

[39] 미륵불(2019), (최종개정판) 三一神誥(삼일신고), 아나출판사 등.

이라고 노래하고 있다.

　다음으로 '《브라만》을 아는 자들의 심장'은 보살도 성취 보살들의《보살심(菩薩心)》을 노래한 것으로써

이러한 보살심(菩薩心)을 가진 보살(菩薩)들은 밝은 별(星)을 법신(法身)으로 하여 수많은 별들을 거느린다.

　이러한 장면을 "하늘을 나는 수많은 수레들"로써 노래하고 있는 것이다.

(3)

4-5

"감각과 마음을 꿰어찬 아뜨만이 겪는 자임을 위대한 성자들이 말한 바 있으니 그러므로 나라야나(Narayana)는 (모든 만물의) 심장 속에 자리하고 있도다."

상기 대목의 이해를 위해 아래《마음(心) A 도형》을 참고하여 설명 드리겠다.

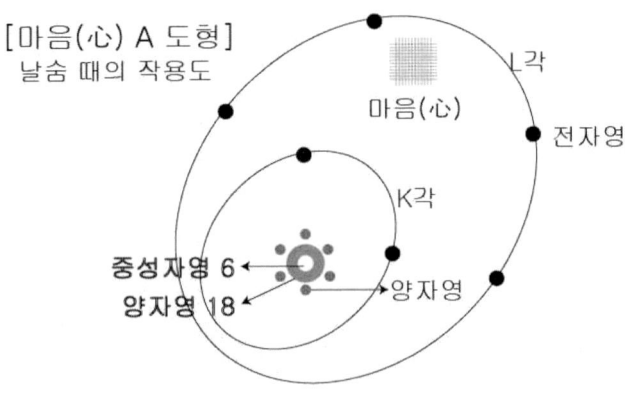

양자영(陽子靈) 18을 중심으로 회전하는《양자영(陽子靈) 6》과《전자영(電子靈) 6》으로 이루어진《성(性)의 30궁(宮)》이 진화(進化)의 당체임을 말씀 드렸다.

이러한《성(性)의 30궁(宮)》에서《양자영(陽子靈) 6》과《전자영(電子靈) 6》이 양음(陽陰) 짝이 되어《속성(屬性)》을 다스리며

이러한《속성(屬性)》이 육근(六根)인 안(眼), 이(耳), 비(鼻), 설(舌), 신(身), 의(意)를 다스린다.

그리고 마음(心)은 진정(眞精)인《중성자영(中性子靈) 6》과《양자영(陽子靈) 18》이 24궁(宮)을 이루고 중심이 된 외곽을《양자영(陽子靈) 6》과《전자영(電子靈) 6》이 궤도를 이루고 자리한 아래《속성(屬性)》과의 사이에 있는 공간에 마음(心)이 형성된다.

이러한 장면을 "**감각과 마음을 꿰어찬 아뜨만**"이라고 노래하는 것이며,

《밝음과 맑음》을 목표로 한 진화(進化)의 주인공이 《성(性)의 30궁(宮)》이다. 이러한 내용을 '**겪는 자**'라고 노래하는 것이다.

 그리고 만물(萬物) 각각도 개체수가 다른 성(性)을 가지고 있음을 "그러므로 나라야나는 (모든 만물의) **심장 속에 자리하고 있도다**"라고 노래하고 있는 것이다.

(4)

> 4-6
> "전생의 업이 소멸되지 않는 한 그는 늪에 빠

> 진 뱀처럼 움직인다. 그러나 해탈을 얻은 자
> 는 육신을 입은 때라도 하늘에서 달이 어디에
> 든 얽매이지 않고 다니는 것처럼 돌아다닌
> 다."

여러분들의 본체(本體)인 《성(性)의 30궁(宮)》이 《어두움과 탁함》으로부터 《밝음과 맑음》으로 전환이 되는 때가 '전생의 업'이 다 소멸되는 때이다.

그러나 '**전생 업이 다 소멸되지 않는 한**' 《성(性)의 30궁(宮)》은 비유하면 늪에 빠진 뱀처럼 움직임을 노래하고 있다.

'**해탈을 얻은 자**'는 보살도 성취의 《보살》과 성문승(聲聞乘)의 최고위(位)인 《아라한(阿羅漢)》을 말한다.

[3] 성(性)과 명(命)

이러한 '해탈을 얻은 자'들은 육신(肉身)을 가지고 있는 때라도 삼매(三昧)를 통하여 무엇이든지 육신(肉身)에 얽매이지 않고 그 본체(本體)인 《성령(性靈)의 30궁(宮)》은 자유로이 움직이는 것이다.

 이러한 장면을 "그러나 해탈을 얻은 자는 육신을 입은 때라도 하늘에서 달이 어디에든 얽매이지 않고 다니는 것처럼 돌아다닌다"라고 노래하고 있는 것이다.

[4] 성(性)과 속성(屬性)

1)

> 3.2
>
> "그러자 쁘라자빠디가 말했다.
>
> <u>물질적인 아뜨만</u>이라 불리는 것이 있으니 그가 업의 밝고 어둠에 따라 이리저리 한 자궁으로 들어가고 그가 위로 다니기도 하고 아래로 돌아다니기도 하고 <u>즐거움과 괴로움</u>을 겪기도 하는 것이다.
>
> <u>다섯 근원 요소</u>들이 가진 세밀한 성질들이 '물질'이며 그 다섯 근원 요소들

<u>자체도 물질이다.</u> 이것들이 <u>결합한 것이 육신(肉身)이다.</u> 그러므로 육신 안에 그것이 있다고 할 때 그것은 <u>물질적인 아뜨만</u>을 말하는 것이다.

그 물질적 아뜨만 안에 있는 <u>불멸하는 아뜨만</u>은 (물에 피었으나) 물이 닿지 않는 수련꽃과 같다. 그러므로 <u>자연의 속성에 영향 받는 것</u>은 (불멸의 아뜨만이 아니라) <u>이 물질적인 아뜨만이다</u>.

그 영향으로 인해 그는 <u>미혹의 단계</u>로 간다. 이 미혹으로 인하여 그 사람은 자신 안에 있는 <u>신(神)을</u> 보지 못하는 것이다.

<u>그 신</u>이 그의 안에서 행위를 하게 하는

> 자이다.
>
> 속성의 흐름에 영향 받아 그에 따라 태어나고 죽으며 (두려움)에 떨며 당황하며 욕망을 품으며 괴로워하며 "이것은 나", "이것은 나의 것"이라 하며 자만하다 이렇게 사람은 새가 덫에 걸린 것처럼 스스로 이 (물질적) 아뜨만에 얽매이는 것이다."
>
> 『마이뜨리 우파니샤드(Maitrayaniya Upanishad) 제3장 2편』

상기 내용에서 '**물질적 아뜨만**'은 육신(肉身)과 양음(陽陰) 짝을 하는 속성(屬性)을 뜻하며, '**다섯 근원 요소**'는 육근(六根)인 안이비설신의(眼耳鼻舌身意)에서

[4] 성(性)과 속성(屬性)　251

의(意)를 제외한 안이비설신(眼耳鼻舌身)을 뜻한다.

속성(屬性) 위에 마음이 있고 마음 위에 성(性)의 30궁(宮)이 있다. '물질적 아뜨만'이 속성(屬性)이며 **'불멸하는 아뜨만'**이 바로 진화(進化)의 당체인 '성(性)의 30궁(宮)'이다.

2)

> 3.3
> "다른 많은 스승들도 <u>행하는 자</u>는 이 물질적 <u>아뜨만</u>이라고 하셨으니 감각기관들을 통해 행하게 하는 자는 <u>(몸) 안에 있는 뿌루샤</u>이다.

> 쇳덩어리가 불에 달구어져 여러 속성들이 두들기는 대로 여러 형태로 굳어진다. 그 형태는 <u>네 가지로 된 덮개</u>이기도 하고 <u>여든네</u> 가지가 되기도 하니 그는 다양성의 주인이다.
>
> 이들 다양한 존재들은 도공의 회전판처럼 그 뿌루샤의 주위를 돈다. 쇳덩어리를 두드릴 때 (쇠를 달군 뜨거운) 불이 영향을 받지 않듯 이 뿌루샤는 영향을 받지 않는다. 다만, 그 물질적 아뜨만이 물질에 대한 집착으로 인하여 영향 받는 것이다."
>
> 『마이뜨리 우파니샤드(Maitrayaniya Upanishad) 제3장 3편』[40]

---

40) 미륵부처님 직강 - 제19회 정본(正本) 반야바라밀다심경 강의 동영상(2016.6.18.)

'몸 안에 있는 뿌루샤'는 반야공(般若空)으로 '몸 안에 있는 공(空)'으로, 영혼(靈魂)과 영신(靈身)도 진화하는 반야공(般若空)이며, 속성(屬性)도 반야공(般若空)들이다.

'그 형태는 네 가지로 된 덮개이기도 하고'는 영신(靈身) 6×6구조를 뜻하며 '여든 네 가지가 되기도 하니 그는 다양성의 주인이다'는 바로 영신(靈身)을 설명하고 있다.

'이들 다양한 존재들은 도공의 회전판처럼 그 뿌루샤(Purusha)의 주위를 돈다'는 양자영(陽子靈) 18을 뿌루샤로 설명을 했으며, 그 바깥에 영신(靈身)이 회전을 하는 것을 묘사한 것이다.

'(쇠를 달군 뜨거운) 불이 영향을 받지 않듯 이 뿌루샤는 영향을 받지 않는다'는 것은 바로 영혼(靈魂)의 영(靈)인 양자영(陽子靈) 18에 대한 설명이다.

'다만, 그 물질적 아뜨만이 물질에 대한 집착으로 인하여 영향 받는 것이다'는 것은 성(性)의 30궁(宮)은 영향을 받지 않으나, 정작 영향을 받는 것은 속성(屬性)이라는 것이다.

[4] 호흡과 성(性)의 30궁(宮)

1)

> "······중략······
> 본다는 것은
> 눈과 함께 숨이 보는 것
> 듣는다는 것은
> 귀와 함께 숨이 듣는 것
> 생각한다는 것은
> 마음과 함께 모든 숨이 생각하는 것
> 숨을 쉰다는 것은
> 숨과 함께 모든 숨이 숨 쉬는 것
> 그러므로 가장 훌륭한 것은
> 숨 중에 있도다."

> 『까우쉬 따끼 우파니샤드(Kaushitaki Upanishad)』
> 제3장 2항[41]

　『까우쉬 따까 우파니샤드』「제3장 2항」은 영신(靈身)의 작용(作用)에 대한 설명인데, 특히 영신(靈身)의 양자영(陽子靈) 6과 전자영(電子靈) 6 중 전자영(電子靈) 6의 작용에 대한 내용이다.

　전자(電子)를 명(命)이라 가르쳤는데, 이 명(命)을 여기서는 '숨'으로 표현했다.

　전자영(電子靈) 6이 속성(屬性)을 거느리는데, 이

---

[41] 미륵부처님 직강 - 제19회 정본 반야바라밀다심경 강의 동영상(2016.6.18.)
http://brahmanedu.org/hanguk/books/heart/books_heart_vods19.html

속성(屬性)은 안이비설신의(眼耳鼻舌身意)인 육근(六根)을 거느린다.

그러므로 상기 우파니샤드는 영신(靈身) 중 전자영(電子靈) 여섯에 대한 내용이다.

2)

> 3-9
> "그것은 여럿이 아니다.
> 수레에 바퀴가
> 바퀴살로 고정되어 있듯,
> 바퀴살이 바퀴의 중심에 고정되어 있듯
>
> 이 모든 존재들도

42) 까우쉬다끼 우파니샤드 제3장 8편으로 되어 있기도 함.

그 분별력의 요소에 고정되어 있으며
분별력의 존재들은
숨에 고정되어 있다.
이 숨의 아뜨만이
바로 분별력의 아뜨만이요,
그것은 환희 자체요 불로요, 불멸이다.
그는 선업으로 위대해지지도,
악업으로 작아지지도 않는 자이다.
그는 다만 이 세상에서
위로 이끌고자 하는 자를
선한 행위로 이끌고,
아래로 이끌고자 하는 자를
악한 행으로 이끌고 있을 뿐이다.
그는 세상을 보호하는 자요,
그는 세상을 통치하는 자요,
그는 모든 것의 주인이로다.

> 그는 바로 나의 아뜨만이요
> 이것이 그대가 알아야 할 것이다.
> 그는 바로 '나의 아뜨만'이다.
> 이것을 알라"
>
> 『까우쉬다끼 우파니샤드(Kaushitaki Upanishad)』
> 제3장 9편[42]

《양자영(陽子靈) 18》과 회전하는 《양자영(陽子靈) 6》과 《전자영(電子靈) 6》으로 30궁(宮)을 이루고 있는 《성(性)》에 있어서 《양자영(陽子靈) 18》은 진정(眞精)인 《중성자영(中性子靈) 6》과 결합하여 중심을 이루게 된다.

이러한 중심을 이룬 성(性)의 양자군(陽子群)들을 다음과 같이 노래하고 있다.

> "그것은 여럿이 아니다. 수레에 바퀴가 바퀴살로 고정되어 있듯, 바퀴살이 바퀴의 중심에 고정되어 있듯 이 모든 존재들도 그 분별력의 요소에 고정되어 있으며 분별력의 존재들은 숨에 고정되어 있다."

《성(性)》을 이루고 있는 개체의 양자(陽子)들은 공(空)과 《쿼크(quark)》가 양음(陽陰) 짝을 하고 있다.

이와 같은 양음(陽陰) 짝을 한 양자(陽子)들을 《반야공(般若空)》이라고 하며 현대과학에서는 이를 《글루볼(glueball)과 쿼크(quark)》가 하나를 이룬 것으로 설명한다.

이러한 반야공(般若空)인 양자(陽子)에 있어서 혜(慧)인 이치의 축적은 공(空)이 하게 되며 《쿼크(quark)

》는 《분별력》을 갖게 되는 것이다.

 그러므로 상기 노래되는 대목의 '분별력의 요소'는 바로 성(性)의 양자군(陽子群)들을 이야기함으로써 모든 존재들이 심장의 중심에 자리한 《성(性)의 양자군(陽子群)》들에게 연결되어 있음을 노래한 장면이 된다.

 이와 같이 진정(眞精)인 《중성자영(中性子靈) 6》과 성(性)의 《양자영(陽子靈) 18》이 결합하여 중심을 이룬 외곽에 《양자영(陽子靈) 8》과 진명(眞命)인 《양전자영(陽電子靈) 2》와 명(命)인 《전자영(電子靈) 6》이 궤도를 이루고 회전(回轉)하는 상태를 "**분별력의 존재들은 숨에 고정되어 있다**"라고 노래하고 있는 것이다.

> "이 숨의 아뜨만이
> 바로 분별력의 아뜨만이요,
> 그것은 환희 자체요 불로요, 불멸이다."

다음으로 '**숨의 아뜨만**'의 설명을 위해 먼저 진행한 《마음(心) A 도형》과 《마음(心) B 도형》[43]을 다시 인용하여 다음 설명을 드리겠다.

[마음(心) A 도형]은 날숨(出息) 때의 작용도이다. 이러한 날숨 때에는 양자영(陽子靈) 24 중 《양자영(陽子靈) 6》과 그 외곽을 회전하는 《전자영(電子靈) 6》이 탄소의 원자 핵(核)과 같은 6.6구조를 가짐으로써 날숨(出息)을 주관함과 아울러 《탄소 순환》을 주관하는 것이다.

---

43) 36쪽 그림 참조.

다음으로 [마음(心) B 도형]은 양자영(陽子靈) 24 중 《양자영(陽子靈) 6》과 《양전자영(陽電子靈) 2》와 《음양(陰陽)》 짝을 하였던 《양자영(陽子靈) 2》와 결합하여 《양자영(陽子靈) 8》을 이룬 외곽을 회전하는 양전자영(陽電子靈) 2와 《전자영(電子靈) 6》이 산소의 원자 핵(核)과 같은 8.8구조를 가짐으로써 들숨(入息)을 주관함과 아울러 《산소 순환》을 주관하는 것이다.

이러한 산소 순환이 사실상 인간의 뇌(腦) 호흡이 되는 것이다.

이러한 《성(性)의 30궁(宮)》에서 날숨(出息), 들숨(入息)의 작용을 하는 것을 "**이 숨의 아뜨만이 바로 분별력의 아뜨만이요**"라고 노래하는 것이며,

《숨의 아뜨만》에 있어서 진명(眞命)인 《양전자(陽電子) 2》를 "**그것은 환희 자체요 불로요 불멸이다**"라고 노래하는 것이다.

이러한 작용(作用)을 하는 성(性)의 양자군들을 다음과 같이 종합적으로 노래하고 있는 것이다.

"그는 선업으로 위대해지지도, 악업으로 작아지지도 않는 자이다. 그는 다만 이 세상에서 위로 이끌고자 하는 자를 선한 행위로 이끌고, 아래로 이끌고자 하는 자를 악한 행으로 이끌고 있을 뿐이다.

그는 세상을 보호하는 자요, 그는 세상을 통치하는 자요, 그는 모든 것의 주인이로다.

그는 바로 나의 아뜨만이요 이것이 그대가 알아야 할 것이다. 그는 바로 '나의 아뜨만'이다. 이것을 알라"

《성(性)의 양자군(陽子群)》들에게 입력(入力)되는 정보(情報)의 공통 분모(分母)격인 이치는 밝음의 이치인 혜(慧)만 입력되는 것이 아니고 업(業)으로 이름

되는 어둠의 이치도 동시에 입력이 된다.

  이러한 혜(慧)와 업(業)의 입력에 있어서 수행으로 업(業)을 청산하고 밝음의 이치인 혜(慧)로써 완성을 이루고 밝음의 슬기(智)를 갖추었을 때 《지혜(智慧)》의 완성을 이룬 경계에 들게 된다.

  이러한 《지혜(智慧)》의 완성을 이룬 본체의 바탕이 착함인 선(善)이다. 이와 같은 내용을 "**그는 다만 세상에서 위로 이끌고자 하는 자를 선한 행위로 이끌고**"라고 노래하는 것이며,

업(業)을 청산하지 못하고 어둠의 이치로부터 벗어나지 못할 때 삼악도(三惡道)인 지옥, 아귀, 축생으로 떨어지게 된다. 이와 같은 내용을 "**아래로 이끌고자 하는 자를 악한 행으로 이끌고 있을 뿐이다**"라고 노래하는 것이다.

이치인 《혜(慧)》로부터 떨어져 나온 빛(光)의 가루를 《슬기(智)》라고 하며, 이러한 《슬기(智)》와 《혜(慧)》가 음양(陰陽) 짝을 한 것을 《지혜(智慧)》라고 하는 점을 잊지 마시기 바란다.

《다섯 기초 원소》인 중성자(中性子), 양자(陽子), 양전자(陽電子), 전자(電子), 중간자(中間子)에 있어서 중성자(中性子)와 양전자(陽電子)는 양자(陽子)와 전자(電子)의 진화(進化)를 돕기 위해 태어난 완성된 기초 원소이며 중간자(中間子)는 변환 과정의 일시적인 기초 원소이다.

이러한 중성자(中性子)와 양전자(陽電子)와 중간자(中間子)를 제외한 《양자(陽子)와 전자(電子)》가 진화(進化)하는 주인공으로서 만물(萬物)의 주인이 된다.

이와 같이 완성된 기초 원소인 《중성자(中性子)》와 《양전자(陽電子)》가 《불성(佛性)》의 양음(陽陰)이다.

이러한 《불성(佛性)》을 "그는 세상을 보호하는 자요, 그는 세상을 통치하는 자요, 그는 모든 것의 주인이로다"라고 노래하고 있는 것이다.

이러한 양자(陽子)와 전자(電子)가 오랜 진화(進化)의 과정을 겪고 인간의 마음(心)의 근본 뿌리인 《성(性)의 30궁(宮)》으로 자리한 것이다.

이와 같은 《성(性)의 30궁(宮)》의 진화(進化)를 돕기 위해 내려온 것이 《석가모니 하나님 부처님》 나툼인 《삼진(三眞)》이다.

이러한 《삼진(三眞)》을 "바로 나의 아뜨만이요, 이것이 그대가 알아야 할 것이다. 그는 바로 '나의 아뜨만이다' 이것을 알라"라고 노래하고 있는 것이다.

[5] 정명(精命)

1)

> 6-12
> "······중략······
> 음식으로부터 생물체가 나왔으니
> 모든 생물체가 땅 위에 살고
> 모두 음식에 의존하여 살아 있도다.
> 마지막 순간에 그들이 들어가는 곳도
> 또한 음식이다."
>
> 『마이뜨리 우파니샤드(Maitrayaniya Upanishad)
> 제6장 12편』

인간의 본체인 《성(性)의 30궁(宮)》에 있어서 인간의 육신(肉身)을 만들고 지탱하게 하는 주인공이 날숨(出息)과 《탄소 순환》을 주관하는 《양자영(陽子靈) 6》과 《전자영(電子靈) 6》이다.

《성(性)의 30궁(宮)》을 세분화하였을 때, 이러한 《양자영(陽子靈) 6》을 《정(精)》이라고 하며 《전자영(電子靈) 6》을 《명(命)》이라고 한다.

이와 같은 《정명(精命)》이 《속성(屬性)》을 거느리고, 《속성(屬性)》이 육신(肉身) 속의 수많은 개체의 양자영(陽子靈)과 전자영(電子靈)을 거느리며 작용(作用)을 함으로써 육신(肉身)이 만들어지고 지탱이 되는 것이다.

상기 『우파니샤드(Upanishad)』 내용은 이러한 《정명(精命)》의 작용을 노래한 것이다.

즉, 상기 노래 중《음식》은《탄소 동화 작용》에 의한《탄소화합물》을 노래한 것이다.

이를 감안하여 상기 노래를 재구성하면 다음과 같다.

> "······중략······
> 탄소화합물로부터 생물체가 나왔으니
> 모든 생물체가 땅 위에 살고
> 모든 탄소화합물에 의존하여
> 살아 있도다.
> 마지막 순간에 그들이 들어가는 곳도
> 또한 탄소화합물이다."

라고 쉽게 이해가 되실 것이다.

2)

> 6-13
>
> "음식은 이 모든 세상의 원천이요
>
> 음식의 원천은 시간이요
>
> 시간의 원천은 태양(太陽)이다."
>
> 『마이뜨리 우파니샤드(Maitrayaniya Upanishad)
> 제6장 13편』

    시간(時間)은 태양성(太陽星) 빛의 밝고 어두움에서 비롯되는 것이다.

    이러한 밝고 어두운 빛의 작용에 의해《탄소동화작용》이 일어나며 결과로써《탄소화합물》이 탄생이 되는 것이다.

상기 『우파니샤드』 내용은 《탄소 동화 작용》을 드러내기 위해 노래된 것이다.

이러한 《탄소 동화 작용》에 의한 《탄소화합물》이 음식이 되어 인체(人體)에서 작용하는 내용을 참고로 살펴보기로 하자.

[탄소순환]

고에너지를 함유한 탄소화합물이 생체 내에 들어가면 무슨 일이 발생할까? 소위 생체 내의 '탄소순환'인 대사 과정을 거치게 된다. 즉, 1차로 체내에서 필요한 생체 분자들을 만들고 또 생체가 필요한 에너지를 생산한다. 다시 말해, 대사 과정은 생체 촉매인 효소가 생체 분자들을 합성하는 일련의 생화학 반응체이자 에너지 전환 과정이다.

이러한 탄소화합물의 구조적 변환 과정을 통하면서 필요한 구성물과 에너지를 만들고 또 이를 이용하여 생명 현상을 가동한다. 좀 더 자세히 보면, 생물들은 여러 형태의 에너지를 사용하고 있다. 가령, 사람의 경우 항상 열에너지를 발생하여 체온을 유지한다. 만약 체온이 유지되지 않으면 모든 생체 기능이 마비된다. 또한, 생체 컴퓨터인 두뇌는 전기 화학에너지의 공급을 받아 생체 기능의 감지와 통제 기능을 유지시켜 준다.

한편, 근육은 전기 화학에너지를 운동에너지로 전환시켜 사람을 움직이게 한다. 이러한 탄소화합물의 구조적인 변환 과정을 통해 여러 형태의 생체 에너지를 만들어 가는 대사과정은 경이롭지만 그 에너지 전환의 매개체로 탄소 원소가 자리잡고 있다는 사실이 더 놀랍다. 생체 내 탄소 순환과정은 생명체이니깐 당연히 구사해야 할 생체 기능으로 생각할 수 있으나 정교한 대사 과정과 에너지의 통제기능은 현대과학으로 이해하기 힘든 생명 현상의 영역이다. 이러한 탄소를 포함한 생체 분자의 생화학적 유연성 때문에 외부환경이 변해도 그때마다 대처해가며 살아간다.

여기서 생화학적 유연성의 한 사례를 들어보자. 미생물은 탄소원으로 포도당 한 가지와 수천 가지의 생체 분자를 단 30분이면 모두 만들고 또 세포 분열까지 한다. 즉, 포도당에서부터 모든 생체 분자들을 만들 수 있다는 말이다.

[6] 마음(心)

> "감각들을 넘어서면 마음이 있고
> 마음을 넘어서면 진리가 있고
> 진리를 넘어서면 위대한 (개체) 아뜨만
> 그리고 그것을 넘어서면
> 그보다 **훌륭한**
> 아직 드러나지 않은 존재
> 미현인이 있다."
>
> 『까타 우파니샤드 제3부 제1장 7편』

※ 상기 노래되는 대목은 지금까지 소개된 《마음

(心)의 도형》[44]을 염두에 두시면 쉽게 이해가 되실 것이다.

'**감각**'들은 육신(肉身)의 명(命)으로 세분되는 여섯 전자(電子)를 말하는 것이며, 여섯 전자(電子) 다음이 '**마음(心)**'이며, 마음(心) 다음의 진명(眞命)인 양전자(陽電子) 2를 '**진리(眞理)**'로써 노래하며,

그 다음으로 성(性)의 《양자군(陽子群) 18》과 결합한 《진정(眞精)》인 《중성자(中性子) 6》을 '**위대한 아뜨만**'으로 노래하고 있는 것이다.

그리고 "**그것을 넘어서면 그보다 훌륭한 아직 드러나지 않은 존재 미현인이 있다**"라고 노래된 '미현인'은 《진정(眞精) 1》을 노래한 것이다.

---

44) 36쪽 그림 참조.

[7] 삼도(三途)

> "제자여
> 지혜로 된 존재가 있고
> 그 존재에 모든 신(神), 감각과 숨
> 세상의 물질들로 모두
> 의지하고 있도다.
> 이것을 아는 사람은
> 모든 것을 알게 되고
> 어느 곳이든 들어갈 수 있도다."
>
> 『쁘라사나 우파니샤드(Prashna Upanishad)
> 제4장 1편』

※ 상기 노래되는 대목의 '**지혜로 된 존재**'는 《성(性)의 30궁(宮)》의 《양자영(陽子靈) 24》를 말하는 것이며,

《속성(屬性)》에게 정보(情報)를 제공하는 《신경망》을 이루고 있는 《전자영(電子靈)》 무리들을 '**감각**'으로 이름하고

《들숨(入息)》과 《날숨(出息)》을 주관하는 《진명(眞命)》인 《양전자영(陽電子靈) 2》을 '**숨**'으로 노래하고 있으며

《속성(屬性)》이 거느리는 인체 내(人體內)의 모든 《전자영(電子靈)》들을 '**그 존재에 모든 신(神)**'으로 노래하고 있는 것이다.

《속성(屬性)》이 거느리는 모든 전자영(電子靈)들에게 《세상의 물질》도 의지하고 있다고 노래하고 있는 것이다.

[8] 인간(人間)

> 5.
> "태어난 적이 없는 자가
> 마찬가지로 태어난 적이 없고
> 자신과 닮은 수많은 자손을 만들어내는
> 붉고 희고 검은 속성을 가진
> 본성 속에 빠져
> 그 대상들을 겪고 있다.
> 역시 태어남으로 생겨나지 않은
> 또 다른 한 존재는
> 그 즐김이 대상을 초월하도다."

6.
"한 쌍의 두 마리 새가
항상 나란히 앉아 있는 자리는
한 그루 나무이니
그 중 한 새는
달콤한 과일을 쪼아 먹고
다른 한 새는
그것을 지켜보고만 있도다."

7.
"같은 나무에서 개체아는
스스로의 무력함을 탓하고
미혹으로 인하여 슬픔에 빠진다.
그러나 그가 자신의 또 다른 모습
위대한 신(神)적인 모습을 보게 되면
그때는 그 슬픔으로부터

벗어나게 된다."

8.
"불멸의 브라만(Brahman)에
모든 신(神)들이 의지해 있고
지고의 하늘 브라만에
리그베다 구절들도 의지해 있나니
그를 알지 못하는 자가
베다를 읽은들 무슨 소용이 있으랴.
그를 아는 자만이
그가 한 일과 앞으로 하게 될 일에
모두 성취함을 얻으리라."

9.
"신(神)은 베다와 제례, 형식, 시간,
과거, 미래, 현재 그리고 이외에도

베다가 말한 모든 것을
그의 환영력으로 만들어 냈으며
모든 피조물 안에 또 다른 그가
환영력으로 묶여 있도다."

10.
"환영력이란 자연의 속성임을 알라.
또한 환영력의 주인은
바로 신임을 알라.
그로부터 나온 그의 부분들도
이 모든 세상에 가득 찼도다."

11.
"홀로 모든 근원들의 근원이니
그 안에 모든 세상이 와 잠기도다.
그가 갖가지 모든 모습을 취한 자이니

> 누구든 그 축복을 내리는 신
> 찬양해 마지않을 신(神)을 알게 되면
> 저 초월의 평화를 얻게 되리라."
>
> 『슈베따 슈바따라 우파니샤드(Shvetashvatara Upanishad) 제4장 5편~11편』

1)

> 4-5.
> "태어난 적이 없는 자가
> 마찬가지로 태어난 적이 없고
> 자신과 닮은 수많은 자손을 만들어내는
> 붉고 희고 검은 속성을 가진 본성 속에 빠져
> 그 대상들을 겪고 있다.

> 역시 태어남으로 생겨나지 않은
> 또 다른 한 존재는
> 그 즐김이 대상을 초월하도다."

'태어난 적이 없는 자'는 《석가모니 하나님 부처님》을 말하는 것이며

'마찬가지로 태어난 적이 없고 자신과 닮은 수많은 자손을 만들어 내는 붉고 희고 검은' 것은 《석가모니 하나님 부처님》의 나뉨인 《삼진(三眞)》을 노래한 것이다.

이러한 삼진(三眞) 중의 진정(眞精)인 중성자(中性子)가 가지는 색(色)이 붉은 것이며, 진성(眞性)의 색(色)이 흰 것이며, 진명(眞命)인 양전자(陽電子)가 갖는 색(色)이 검은색인 것이다.

'속성(屬性)'[45]은 인체가 가지고 있는 《유전자 39,960개》를 말하며,

'본성(本性)'[46]은 《성(性)의 30궁(宮)》과 결합한 《삼진(三眞) 10》의 합(合) 《40궁(宮)》을 말하는 것이다.

2)

> 4-6.
> "한 쌍의 두 마리 새가
> 항상 나란히 앉아 있는 자리는
> 한 그루 나무이니
> 그 중 한 새는 달콤한 과일을 쪼아 먹고

---

45) 속성(屬性)을 세분화하였을 때는 유전자 360이 되기도 하지만, 넓게 보면 성(性)의 30궁(宮)을 제외한 39,960개의 유전자를 지칭하기도 한다.

46) [본성(本性)과 본능(本能)]
미륵불(2016), (최종개정판) 정본(正本) 반야바라밀다심경, 아나출판사, 447쪽 등.

> 다른 한 새는 그것을 지켜보고만 있도다."

'한 쌍의 두 마리 새'는 삼진(三眞)과 삼본(三本)인 성(性)의 30궁(宮)의 비유이며, '한 그루 나무'는 인간의 육신(肉身)을 비유한 것이다.

'달콤한 과일을 쪼아먹는 새'는 성(性)의 30궁(宮)의 비유이며, '지켜보고만 있는 새'는 삼진(三眞)의 비유이다.

3)

> 4-7.
> "같은 나무에서 개체아는
> 스스로의 무력함을 탓하고
> 미혹으로 인하여 슬픔에 빠진다.
> 그러나 그가 자신의 또 다른 모습
> 위대한 신(神)적인 모습을 보게 되면
> 그때는 그 슬픔으로부터 벗어나게 된다."

'**개체아**'는 여러분들의 본체로서 진화(進化)의 주인공인 《성(性)의 30궁(宮)》을 말하며 '**미혹**'은 어리석음을 말한다.

'**위대한 신(神)적인 모습**'은 공(空)의 완성인 보살심(菩薩心)의 근본 뿌리인 《성령(性靈)의 30궁(宮)》을 말한다.

4)

> 4-8.
> "불멸의 브라만(Brahman)에
> 모든 신(神)들이 의지해 있고
> 지고의 하늘 브라만에
> 리그베다 구절들도 의지해 있나니
> 그를 알지 못하는 자가
> 베다를 읽은 들 무슨 소용이 있으랴.
> 그를 아는 자만이
> 그가 한 일과 앞으로 하게 될 일에
> 모두 성취함을 얻으리라."

'**불멸의 브라만**'은 진명(眞命)인 양전자(陽電子)와 진정(眞精)인 중성자(中性子)를 뜻할 때도 있으나, 이 장에서는 삼진(三眞)인 진성(眞性), 진명(眞命), 진정(眞精) 모두를 뜻하며,

'**지고의 하늘 브라만**'은 삼진(三眞)이 한 단계 더 진

화(進化)한 진성광(眞性光)과 진명광(眞命光)이 양음(陽陰) 짝을 한 《여섯 뿌리의 진공(眞空)》이 대공(大空)의 원천 바탕을 이루고 있는 것을 말한다.

『리그베다』는 묘법화경(妙法華經)을 제외한 한단불교(桓檀佛敎) 4대 경전 내용을 《산스크리트어》로 적은 진리(眞理)의 서(書)로써 천(天)·지(地) 창조의 모든 것을 담고 있는 고대 인도의 성전(聖典)이다.

이러한 천(天)·지(地) 창조의 모든 것이 대공(大空)의 원천 바탕을 이루고 있는 《여섯 뿌리의 진공(眞空)》으로부터 비롯됨을 노래하고 있는 것이다.

5)

> 4-9.
> "신(神)은 베다와 제례, 형식, 시간,
> 과거, 미래, 현재 그리고 이외에도
> 베다가 말한 모든 것을
> 그의 환영력으로 만들어 냈으며
> 모든 피조물 안에
> 또 다른 그가 환영력으로 묶여 있도다."

'신(神)'은 진명(眞命)인 양전자(陽電子)를 말하는 것이며 이러한 양전자(陽電子)가 전자(電子)를 다스리는 것이다.

이러한 전자(電子)를 "**그의 환영력으로 만들어냈으며**"라고 노래함으로써 《환영력》의 주인공이 전자(電子)임을 노래한 대목이다.

6)

> 4-10.
> "환영력이란 자연의 속성임을 알라.
> 또한 환영력의 주인은 바로 신임을 알라.
> 그로부터 나온 그의 부분들도
> 이 모든 세상에 가득 찼도다."

대공(大空)은 진성광(眞性光)과 진명광(眞命光)이 양음(陽陰) 짝을 하여 《여섯 뿌리의 진공(眞空)》을 이루고 원천 바탕을 이루고 있는 가운데 다시 《여섯 뿌리의 진공(眞空)》과 《암흑물질》이 음양(陰陽) 짝을 하여 바탕을 이루고 있다.

이러한 바탕에서 《석가모니 하나님 부처님》《음양(陰陽)의 작용(作用)》에 의해 꾸준히 조물(造物)이 이루어지고 있는 것이다.

이러한 가운데《천궁(天宮)》이《커블랙홀》→《태양수(太陽數) ⊕9의 핵(核)》→《화이트홀》→《퀘이샤》→《황금알대일(黃金卵大一)》의 과정을 거치면서 수많은 별들을 탄생시킨다.

이렇듯《천궁(天宮)》을 중심한 은하성단(銀河星團)들이 자리하는 곳의 바탕은 환영력의 주인공인 전자(電子)가 바탕을 하는 것이다.

이러한 전자(電子)를 다스리는 자가 진명(眞命)인 양전자(陽電子)임을 **"또한 환영력의 주인은 바로 신(神)임을 알라"**라고 노래하는 것이며,

성단(星團)의 바탕을 하는 전자(電子)들을 **"그로부터 나온 그의 부분들도, 이 모든 세상에 가득 찼도다"**라고 노래하고 있는 것이다.

7)

> 4-11.
> "홀로 모든 근원들의 근원이니
> 그 안에 모든 세상이 와 잠기도다.
> 그가 갖가지 모든 모습을 취한 자이니
> 누구든 그 축복을 내리는 신
> 찬양해 마지않을 신(神)을 알게 되면
> 저 초월의 평화를 얻게 되리라."

《여섯 뿌리의 진공(眞空)》중의 음(陰)의 부분인 진명광(眞命光)을 "홀로 모든 근원들의 근원이니"라고 노래하는 것이며,

상천궁(上天宮)과 같이 단위 우주의 모든 별(星)들이 진화(進化)되어 사라지고 난 후의 《진성광(眞性光)》과 《진명광(眞命光)》으로써 진공(眞空)을 이루고 있는 영역을 "그 안에 모든 세상이 와 잠기도다"라고 노래하고 있는 것이다.

대공(大空)의 원천 바탕으로써 여섯 뿌리의 진공(眞空)이 자리할 때는 석가모니 하나님 부처님의 진신(眞身) 중의 진신(眞身)이 되나

파동(波動)에 의해 법(法)이 일어나 미세한 진공(眞空) 구슬로 변화될 때 진성광(眞性光)과 진명광(眞命光)은 역할이 분리되게 된다.

이때의 진성광(眞性光)의 자리는 《석가모니 하나님 부처님》의 《양(陽)》의 다스림의 자리가 되고, 진명광(眞命光)의 자리는 《음(陰)》의 다스림의 자리가 된다.

이러한 《음(陰)》의 다스림을 관리하는 분을 《원조성(聖) 관음(觀音)》님이라고 하는 것이다.

이러한 진명광(眞命光)이 양전자를 관리하는 것이며 양전자(陽電子)가 전자(電子)를 다스리는 것이다.

이와 같이 진명광(眞命光)과 양전자(陽電子)를 관리하는 《원조 성(聖) 관음(觀音)》님을 "그는 갖가지 모든 모습을 취하는 자이니, 누구든 그 축복을 내리는 신"으로 노래하고 있는 것이다.

《양자영(陽子靈) 24》와 《전자영(電子靈) 6》으로 《성(性)의 30궁(宮)》을 이룬 인간이 보살도 성취의 보살을 이루었을 때 《양자영(陽子靈) 24》와 《중성자영(中性子靈) 2》와 《양전자영(陽電子靈) 4》로 《성령(性靈)의 30궁(宮)》을 이룬다.

이러한 《성령(性靈)의 30궁(宮)》에 있어서 《양전자(陽電子)》인 《진명(眞命) 4》를 얻는 것을 "**찬양해 마지않을 신(神)을 얻게 되면, 저 초월의 평화를 얻게 되리라**"라고 노래하고 있는 것이다.

> ※ 講主

지금까지 많은 양의 『우파니샤드』 내용들을 해설하였다.

이렇듯 해설한 목적이 『황제내경(皇帝內經)』의 해설서(解說書)가 『우파니샤드』임을 인식시키기 위해서 이다.

이러한 『우파니샤드』를 《힌두교》의 성전(聖典)으로 치부하기 전에 《한단불교(桓檀佛敎)》의 《보살도(菩薩道)》의 경(經)임을 분명히 인식하시고,

오늘을 살고 있는 모든 불자(佛者)들께서는 견성성불(見性成佛)의 목표를 위해, 이를 외우고 쓰고 베끼며 명상(冥想)의 자료로 충분히 활용하시기를 간곡히 당부 드리는 바이다.

그리고 덧붙여 말씀드리면,《한단불교(桓檀佛敎)》의《5대경전(五大經典)》중 『천부경(天符經)』과 『삼일신고(三一神誥)』와 『황제중경(皇帝中經)』 해설서(解說書)가 고대 인도의 『베다(Vedas)』임을 분명히 하는 것이다.

이렇듯 한민족(韓民族) 상고사(上古史)의 중심에 진리(眞理)로써 자리하고 있는 것이 한단불교(桓檀佛敎) 오대경전(五大經典)으로써,

《묘법화경(妙法華經)》을 제외한 4대 경전의 해설서가 『리그베다』요 『우파니샤드』임을 분명히 아시기 바란다.

오늘날의 중국인(中國人)들이 한민족(韓民族) 상고사(上古史)를 그들의 것으로 주장하고 아무리 역사 왜곡을 하여도《한단불교(桓檀佛敎

)》 5대 경전(經典)이 한민족(韓民族)에게 전하여진 이상 그들의 주장은 파렴치한 거짓이라는 것을 그들 스스로도 알고 부끄러워해야 하는 것이다.

 그리고 여러분들에게도 분명히 당부 드리는 바는 이렇듯 훌륭한 한단불교(桓檀佛敎) 5대 경전(經典)이 여러분들 앞에 그 모습을 드러낸 이상 주저하지 말고 민족(民族)의 상고사(上古史)를 바로 찾을 것을 당부 드리는 것이다.

 이러한 한민족(韓民族) 상고사(上古史)에 대하여서는 우주간의 모든 부처님들께서 증명하여 주시는 역사(歷史)라는 점을 꼭 염두에 두시기를 바란다.